菅下清廣
SUGASHITA KIYOHIRO

デフレを勝ち抜く15の鉄則

財界研究所

デフレを勝ち抜く15の鉄則［目次］

目次

プロローグ

▼サムライ、ウォール街に行く！

私は一九七〇年代の後半に、世界最大の証券会社、メリルリンチに入社しました。昭和四十八年五月、当時、初めて米国の証券会社が日本に進出するというので話題になりました。メリルリンチといってもその名を知る人は少なかった。親戚のおじさんからは、「英会話学校に就職したのか」といわれたのを思い出します。

今や倒産した山一證券を買収し、メリルリンチ日本法人は大会社となりました。当時は社員十数人からスタートしたチッポケな外資系証券会社の東京支店でしかありませんでした。

その後、「君の英語力ではニューヨーク本社で証券マンになるための授業や資格試験をパスするのは難しいから勉強しろ」と、社命で四谷の日米英会話学院に一年間通いました。

二十七歳ごろのことでしたが、最初の六カ月ぐらいは夕方の六時頃から九時まで、毎日三時間英会話習熟のために休まず四谷の駅に降りました。そのころ同じクラスで出会ったのが、法曹界ではその名を知られた升永英俊氏です。東京、神谷町の瀟洒なビルの一角に東京永和法律事務所を堂々と構えておられます。有能な弁護士として定評があり、寸刻を惜しむ毎日を送っておられますが、当時の我々はお互いに失業、転職したばかりで自分たちの人生はいよいよこれからだというスタート地点に立っていました。

英語の能力が上達したのかどうかわかりませんが、その後メリルリンチのニューヨーク本社に行くことになりました。約数カ月間、米国証券業協会（NASD）、ニューヨーク証券取引所（NYSE）、シカゴオプション取引所（CBOE）などの会員資格取得のための研修で、滞在中に資格試験に合格しなければなりませんでした。

ニューヨークに着くと、早速宿舎代わりのコンドミニアムタイプのホテルに三人一組で合宿することになりました。ひとりは白人で元コンピューター会社勤務、もうひとりは黒人で元銀行マン、私が黄色人種で元証券マン。まさにサムライが欧米社会に突然紛れ込んだような経験でした。

彼らとは年齢が同じくらいなので気が合いました。三人仲良く勉強し、よく遊びに行きました。メリルリンチのニューヨーク本社は例の同時多発テロがあった世界貿易センタービルに隣接する場所にありました。黒塗りの巨大なビルでワンリバティプラザビルと呼ばれていました。その十階に新入社員教育のためのトレーニングセンターがありました。

クラスメイトは約六十人。全米各州から来ており、日本人は私ただ一人でした。このときの経験が、後々大変な恩恵となり、私の人脈や情報網ができあがる基礎となったのでした。クラスメイトのなかには様々な職業経験者がいました。それだけでも当時の私には新鮮な出来事でした。日本の会社の新入社員教育といえば今でも全員が大学生です。しかも新卒で一流会社といわれる企業では出身校さえ偏ります。みな同じような経歴で同じような人生観の人たちの集まりです。

しかしメリルリンチの新入社員たちは、全員が違う顔つきをしています。異なった経歴・経験の人たちなのです。私は一六九期というクラスにいましたが、そのなかには元デトロイト・タイガースのエース級のピッチャーで引退した中年の男性や、元グリーン・ベレーでベトナム戦争の生き残りなどという凄い人がいました。アメリカ人の多くは軍歴があり、海兵隊や陸、海軍の出身者は珍しくありません。

そこで、元ＣＩＡ（中央情報局）出身という物腰の柔らかい、一見大会社の重役風の人物とも親しくなりました。とにかく色々な経歴の人たちがいて、日本の企業社会との違いを肌で感じることができました。これが私の現在に至る人生の第一歩でした。

その後、幸運にもすばらしい人脈に恵まれ、そのおかげで一九九〇年代のバブル崩壊、続くデフレ大不況のなかでも何とか生き残ることができたのです。そのなかで得た智恵と経験に基づいて、これからの世の中でいかに幸運を呼び勝ち残るかという具体的な実践方法を十五の項目に分けて書いてみました。

私は今の社会の基準に照らしてみても特別のエリート教育を受けたわけではありません。スーパーファミリーの出身でもありません。少なくとも英才、俊才の類にも属しません。ごく普通の能力を持った普通レベルの人間です。

この本には、普通の人たちがほんの少し心にかけるだけで、人よりも少し努力するだけで、この危ないデフレ不況を勝ち抜いていくためのヒントやアイディアを満載したつもりです。今の小泉改革がこのまま続くようであれば日本は今後ますます不況は深刻化し、デフレスパイラルも止まらないことが予想されます。もう政府は頼りになりません。ペイオフも始まりました。これからは自分のことは自分で守らなければならないのです。

そのような明日の見えないデフレ時代を、読者のかたが幸運を呼び寄せ、勝ち抜いて行かれんことを――。

▼相場の世界の格言にヒントがある

今はどこへ行っても、世の中がデフレ不況で大変だといわれます。大は首相・政財界人のトップから鉄工所やいろいろな商売をしている人まで、デフレ不況に嘆き苦しんでいる。

経済の現象面でも、株価は一九八九年十二月に三万八九一五円で大天井を打って以来、下げに下げ続け、十年以上、一度もトレンドラインを上向くことはない。トレンドラインというのは専門用語ですが、過去の最初の高値からその後の高値を結ぶと四十五度ぐらいの線がある。これは上値傾向線といわれていますが、これを抜くことがない。ということは、ずっと下がり続けている。これがデフレスパイラルなのです。

今頃になって日本はデフレスパイラルで大変だなどといっていますが、実は八九年の十二月に株価や地価が天井を打ってデフレスパイラルはずっと続いているので、日本政府は大変のんきなことをいっているわけです。

デフレ不況、デフレスパイラルに入って、何と十二年もたとうとしている。かつて八〇年代末にスーパーインフレがあって、経済大国日本の宴を最後に、株価も地価も天井を打って終わった。相場はその天井を打つ一年前ぐらいに、社会現象として象徴的な出来事が起こる。このことは、百年たっても相場の世界では変わりません。

当時、どんなことが起こったかというと、野村證券の新宿支店に早朝からサラリーマン、OL、主婦が、その前年に発行になったNTT株が値が上がったというので、われもわれもとNTTの新規発行株の申し込みに群がった。これが天井一年前の八八年秋の出来事です。

こういうことが起こったら絶対に株価は行き過ぎているということを、世間が教えているわけです。

次に、その頃、ある有名人と座談会をすることがありました。相場のことにも相当詳しい人ですが、「歴史のなかで株価や地価が何年も上がり続け、永遠に上がるのではないかという気がしますが、そんなことがあるのですか」と質問されました。「わたしは歴史学者ではないので詳しく調べてはいませんが、いかなる相場も天井がない相場というものはない。必ず天井はあります。あなたが、そういうことをおっしゃること自体、もう天井は近いと思います」といった記憶があります。

個人的なことをいうと、一九八四年一月にメリルリンチからアメリカ某大手の証券会社にヘッドハンティングされ、その外資系証券会社の東京支店に移りました。まだその会社は東京に進出したばかりでした。わたしは法人の資金運用チームのトップでしたが、事業法人の一部上場企業の口座は一社しか開いていなかった。そこでいろいろ苦労して営業活動をして、法人口座を開いていったわけですが、八八年の夏頃は事業法人のほうから口座を開きたいといってくるような状況になった。当時は特別金銭信託（特金）というのがあって、五十億、百億のおカネを預けるから運用して下さいといって、もってくるようになったのです。

とにかく、会社に座っていても、お客さんのほうから電話がかかってくる。これも天井近辺のシグナルだと昔から決まっています。ところが、証券会社は景気がいいものですから、後に倒産した三洋証券などは大スクリーンをもつ巨大なトレーディング・ルームをつくってしまう。これも天井近辺の現れのサインです。江戸時代から株式仲買人、証券会社の本社新築は要注意のサインだといわれています。

バブル崩壊時には、そういう社会現象が起こったので、逆に、今のデフレ不況が十年以上続くとなると、社会現象の裏現象がそろそろ起こるのではないかと、世の中を見渡しているわけです。

その一つは昨年中小企業の倒産件数が戦後歴史的な数になりました。そして、自己破産者、自殺者がこれまた歴史的なものになっている。こういうことはデフレ不況が終りに近づいているというわかりやすい現象の一つだと思います。こんなことが二年も三年も続いていて、ときの政府がもつはずがないですから、必ず政策転換してデフレ退治をするはずです。

とにかく、二、三年前からわたしは、デフレ不況を終息させることに総力をあげろといっていますが、なかなか当を得た政策を日本政府は打てなかった。昨年五月に登場した小泉政権も、不良債権処理を改革の第一に打ち出した。不良債権を処理することは、将来、日本のデフレが終わり景気回復にはつながるけれども、その処方を間違っている。後に小泉改革のデフレの問題点を突きたいと思います。

▼問題は過剰債務

経済の話を横において、世の中の現象は次第にデフレ不況が終りに近づいているサインを出しつつあると思います。その一つが、たとえばダイエーが経営破綻に近づいていることです。去年はマイカルが潰れた。そしてゼネコンでは青木建設や佐藤工業が潰れた。デフレ不況になったいちばんの原因は、先ほど話したバブル、スーパーインフレ時代におカネを借りまくった大企業が返せなくなったことです。

今のデフレ不況を経済用語でいえば、答えは「過剰債務」です。過剰債務さえなくなれば、日本のデフレは終わるはずです。過剰債務がなくなりデフレがなくなれば、新しい需要が出てくるはずです。過剰債務があるものだから、個人も企業も新しい需要を起こせない。過剰債務さえ大手術をしてやれば、今度は政府が何か新しい需要を喚起するテーマを打ち出す。

たとえば都市再生でも、日本は娯楽観光大国になってもいいわけです。浦安のディズニーランドとか、大阪のユニバーサルスタジオを見てください。あっという間に百万人とか、入場者記録を更新している。個人消費が伸びないのだから、ディズニーランドやユニバーサルスタジオみたいなものを世界中からもってきて、あと一〇か二〇つくってもいいわけです。

とにかく先に過剰債務を解決させ、次に新しい需要喚起のためのテーマを打ち出すことがいちばん大事なことだと思います。しかし、そういうことをいつやるのか。それはデフレが終わらないとやれない。デフレが終わるためには、バブル時代に大活躍した人がみな降参しないとダメです。そういう人たちが退場して、はじめてデフレが終わるのです。

▼王者たちの退場

スーパーインフレ時代の王者は誰かというと、一つは流通のダイエーです。ダイエーはもう手をあげた。産業再生法で生き延びましたが、実質的には経営破綻です。いずれ間違いなく退場します。インフレ時代の王者たちは、流通・不動産・ゼネコンです。ゼネコン業界の淘汰、再編も急ぐべきです。銀行が一蓮托生で支えていた流通の王者も不動産の王者も、ついに手をあげるにいたったというのが実情です。二〇〇二年の春から二〇〇三年の春にかけて大きな波になるだろうと思います。

具体的には、完全に経営破綻をするか実質破綻です。産業再生法であれ、民事再生法であれ実質破綻に追い込まれるという現象が出てくる。これこそが、バブルの王者たちの退場が現実化してますよ、というサインなのです。ダイエーが経営破綻するのはデフレが終わりに近づくという意味でもあります。ダイエーに勤めている人にとっては気の毒なことですが、しかしダイエーにいつまでも勤めて、再起不能の企業で活躍しても、給料が上がらないしボーナスも出ない。だから、早くやめて伸びる企業に再就職したり、あるいはダイエーはいったん潰して、ダイエーのなかで儲かっている事業や儲かっている支店だけを残して、「ニュー・ダイエー」として再スタートすべきなのです。

▼末期ガンになるまえに速やかに外科手術を

日本国の外科手術を政府は早急にやらないといけないのですが、まだやっていない。しかし、日本政府が先送り、先送りしていたために、ついに危機的な社会現象が噴出して、持ちこたえられなくなった。だから、ダイエーも手をあげたということです。これが、そろそろデフレが終わるときの濃厚なサインです。

もう一つは、デフレ時代の勝者です。これがまた退場しないといけない。なぜかというと、デフレが続く限りデフレの王者が勝つわけです。デフレが終わるためにはデフレで儲かった人が損をする。そういう現象が世の中に出ていないか。デフレの王者、安売り業者ですが、この王者がマクドナルドやユニクロです。ユニクロの株が大暴落し始めたのはひとつのお知らせ現象で、そろそろデフレが終わるというサインでもある。マクドナルドも安売り競争に耐えられない。安いことはいいことだという発想が終わらないと、デフレはいつまでも終わらないわけです。

このあいだも秋葉原の家電の王者である某電気会社の社長に会って、「景気はどうですか、おたくは安売りが得意だから儲かっているでしょう」と聞くと、「とんでもない、もう限界だ」と家電の安売りでも儲からないということでした。

そういう状況ですから、デフレの王者も儲からなくなってきている。ということはデフレの終りが近いということです。今から来年の三月ぐらいまでにデフレが終わるというサインがもっと出てくる。だから難しい経済の勉強をしなくても世の中の動きに敏感であれば誰でも先を読むことができるのです。あと一年か二年でデフレが終わる、あるいは終わったという濃厚なサインが出るでしょう。

一般の方は、デフレは完全に終わったという状況から三年ぐらいたって確認する。そのときには、株が上がったり、景気が良くなったり、すっかり世の中の様子が変ってしまっているのです。ですから、本書を読んで、早くデフレの終りを察知して、ビッグチャンスをつかもうではないか、次の新しい時代の勝者になろうではないか、というのがこの本の狙いでもあるわけです。

1 デフレが終わるとき

▼社会的現象に見る小泉内閣

相場の世界に、「夜明け前が最も暗い」という格言があります。今はデフレ不況の真っ只中で、先にもいったように目の前は悪いことばかりです。こういうときは、相場の世界では「陰の極」といいますし、まさに最も暗いときということです。最も暗い時間があと何時間続くのか、どのくらいデフレ不況が続くのかというのは日柄（ひがら）といいます。日柄（時間）はまだ読みきれないけれども、この暗さからいって夜明けが近いことは今までのいろいろな経済、相場の経験法則からいって予感できます。

その予感がはたして正しい判断につながるか、自分が感じている方向性が間違っていないかどうかを検証する、チェックする必要があるわけです。それを経済面、社会面からもう一度見てみてみたいと思います。

経済面からいうと、昨年の五月に小泉政権は誕生しました。それまでの政権は、八九年十二月末に株価が大天井を打ち九〇年代以降デフレ不況が深刻化するなかで、景気対策として従来型の景気対策をやってきた。いわゆる公共投資を中心とした景気刺激策をやってきたわけです。その結果、日本の財政赤字が膨張、そして今や財政赤字は膨らんだのに、景気は一向によくならない。さらに不況が深刻化しているというなかで、今までのやり方をやめようというので出てきたのが小泉政権で、これを国民は支持したわけです。

ということは、国民もすでに従来型のいわゆる財政出動による景気対策は効果がないという認識に立っている。そこで財政出動によらないやり方は何か、小泉流にいうと「聖域なき構造改革」ということになるわけです。

一言でいわれていますが、この構造改革の中身は何かというと、一つは「財政再建」であり、もう一つは「行政改革」、霞が関を改革するというのが大きな柱です。いわゆるバブル崩壊後のデフレ不況を終息するために構造的な経済改革をやらないといけないというのが骨子といえます。

マスコミではいわれていませんが、さらに大きな改革といえるのは、市場経済主義つまり競争原理にもとづく社会づくりをやらないといけないということです。これまでの日本経済は統制経済の原理になっている。戦後約五十年の奇跡の経済成長は、周知のように政官財が鉄の三角形を形成して、それぞれの利害得失を調整してきたのです。そして重要な産業、たとえば銀行、証券などの金融業、あるいはインフラの中心になる大手建設、流通、不動産などを調整、協調をして市場を維持し育ててきた。ここに競争原理は働いていなかったわけです。

これは後に談合とか、政官財の癒着とかいうことで問題化しました。戦後の荒廃から日本の経済を先進国に追いつき、追い越せということをやるためには、明治の富国強兵にかわる政策として政官財一体となった、高度経済成長政策が必要だった。これは成功した。

ところが、日本はGDPで世界第二位の経済大国になった。アメリカが世界のGDPの約九兆ドル、日本が五兆ドル、世界八十数カ国のGDPの総額が約三十兆ドルと、日米で半分近くを占めている。こんな経済大国になったものだから、日本だけが金融とかゼネコンが保護行政にもとづいて自分の市場を維持していて、日本国民だけが儲かっていればいいという考え方やシステムが立ちいかなくなった。そのきっかけが、八九年十月の東西冷戦終結だった。

それまでは政治的、思想的、軍事的に東西、米ソの対立というものがあったから、日本の経済金融鎖国主義、保護行政は大目にみてこられた。米ソ対立のなかでアジア地域の安定に日本の果たす役割が大きかったからです。

しかし、冷戦終結と同時に米国にとって当面の敵がいなくなったので、今度は自由主義、西側諸国のなかでの経済戦争に移る。そうなると、日本だけハンディキャップをもらって勝負しているのはおかしいではないか。ゴルフでいえば大きなハンディキャップをもらって、いつまでも厚かましく、腕は上達しているのに十八ホールまわっているということになったわけです。そこで出てきたのがグローバルスタンダードということで、日本も会計基準や産業の競争原理などを国際的な基準でやりましょう、ということになった。その具体的な例が、銀行の自己資本率が四%とか八%とか、いわゆる国際ルールでやりましょうといわれている。

▼東西冷戦の終焉がもたらしたこと

そういうことで、戦後の東西冷戦のもとで行われた日本の奇跡の高度成長は八〇年代の末に終りを遂げました。なぜなら、東西冷戦そのものがバブル（膨張）経済だったからです。いわゆる軍事拡大競争が行われていましたから、大量兵器、物量、大量消費の時代だった。ところが東西冷戦が終わって、緊張緩和（デタント）の時代になると、当然のことながら膨張から縮小の時代になった。

また、労働人口も資本主義時代の西側の人口約七億人に東側の人口約二十億人が流入した。東西ドイツがいい例です。それによって非常に賃金の低い労働市場が提供された。今まさに日本の産業の空洞化はその影響をモロに受けている。中国にもっていったら半分のコストか、ベトナムは十分の一の賃金で日本の冷蔵庫やテレビができ上がる。こういう状況から、日本の産業は後退しているのです。

以上のような大転換が、実は八〇年代の末にあった。この時代に、まさに発想を転換し体制や制度を一八〇度転換するべきであった。経済でいうと膨張から収縮の時代、インフレからデフレの時代にそなえるべきだった。産業構造でいうとモノづくり、いわゆる製造業中心から情報通信などを中心としたサービス業中心の産業構造に転換していくということを日本は読みきれなかった。そういうすべてのツケが、今の日本にまわってきているということです。

だから、日本は今対応を誤ってデフレ不況の真っ只中にあるわけです。政策を的確にやっていれば、このデフレは五年で終わったと思います。ところが、今いったように舵を切れなかった。いつまでも一九八〇年代の発想に基づいた九〇年代の十年間はことごとく対応を誤った。「失われた十年」といわれているゆえんです。そのため、アメリカでは五年で終わったデフレが、日本は十年以上も続いているのです。

周知のように、アメリカも一九八七年十月に株価が大天井を打ち、その後、「ブラックマンデー」といわれる歴史に残る大暴落がありました。そのときにアメリカはデフレ不況、資産デフレの罠に落ちた。八四年にはコンチネンタル・イリノイ銀行の破綻もあった。S＆L（貯蓄貸付組合）や銀行など合わせて二五九〇機関が破綻した。そして不良債権が山の如くになった。ところがアメリカは、ＲＴＣ（整理信託公社）を使って政府が強力に介入して、不良債権を大胆に手術した。その結果、五年でだいたい不況を終息させた。アメリカのデフレ不況は一九八七年の株価暴落に始まって、九二〜三年頃が底です。その後、アメリカはＩＴ革命を中心に立ち直って、九八年ぐらいから急回復した。

ところが日本は、アメリカのような外科手術ができなかった。いわゆる問題の先送りをして、しかも従来型の政策をとったために、デフレ不況は長期化して病状は悪化した。今はもう、放っておけば死に至る病、金融恐慌を勃発しかねない状況になっているわけです。

▼日本が選ぶ道はどっち？

日本経済が今後どうなるかというと、二つの選択しかないと思います。すでに海外からも「日本の改革はタイムズアップだ、時間切れだ」といわれているように、十年以上も同じことをやっていて時間切れになりつつある。時間切れになろうとしている日本のデフレ不況でこれから起こることは、二つ予想されます。

その一つは、小泉政権は一年前に改革の旗印を掲げて登場したわけで、この改革をまがりなりにもやり遂げる。今までは財政再建に重きをおいた。国債発行額の抑制で三十兆円にこだわった。財政再建はやらないといけないけれども、優先順位は第一位ではない。しかも、財政再建は一年や二年ではできない。これは七百兆円近い赤字があるわけで、これを回復させるためには国債の発行額を三十兆円ぐらいに縮小しても、一年や二年では改善しない。むしろ今後、抜本的な景気対策によって日本の景気がよくなって税収が大幅に伸びるとか、株価や地価が上がって日本の富が拡大するという時期に国債の発行を減らして借金を返していくという手法をとらないといけないのです。少なくとも五年や十年はかかる。だから、日本の目前の大不況の対策にはならない。

このことを小泉首相は一年前にはぜんぜんわかっていなかった。国債発行枠三十兆円よりも、もっと大事なことがあります。それが不良債権の処理です。なぜ不良債権の処理を優先するのかというと、銀行の不良債権、借り手の過剰債務をなくすことが日本の経済の健全性、景気の回復につながるからです。しかし、そのやり方が遅い。時間がかかりすぎている。やり方が間違っている。時間をかけている間にますますデフレ不況になって、足もとの景気が揺らいでいる。「まず足もとの景気をしっかりさせろ。その上で不良債権の処理をスピードアップせよ」と、アメリカから要求されているわけです。二月中旬、ブッシュ大統領が来日したときも、そういったと思います。

だから、国債発行枠抑制のトーンは、徐々に下がると思います。そうして、むしろ景気配慮型の政策をこれから出していく。景気をとにかくよくする。ただし、その景気をよくするのに従来型の公共投資発動ではあまりにも知恵がなさすぎる。そんなことは小渕首相の時代までやっていたわけですから。従来型の公共投資、財政出動に大きく寄りかからない需要喚起、景気対策を考えろということで、これに知恵を絞る。どんなものが出てくるか、これを出せるか出せないかが、小泉政権がもつかもたないかにかかると思います。

▼加速する日本の資産デフレ

どういうかたちになるにせよ、景気配慮型の政策に小泉政権は転換せざるをえない。それと同時に、従来の不良債権処理のやり方が間違っていたということも、ほぼわかってきました。なぜかというと、二〇〇一年五月に柳沢伯夫氏が金融相に就任して、一年かかって不良債権の量が減ったかというと、逆に増えているわけです。今は資産デフレなんです。世の中の資産がどんどん減っていれば、反比例して不良債権が増えるのは決まっている。

資産デフレの現状はというと、この一年間で加速しています。具体的には、日本の株式市場の東証一部の時価総額は、小泉政権が誕生したときには四百兆円以上でした。森首相のときには四百四十兆円あった。今は二百七十兆円です。ということは、百四十兆円もマイナスなのです。これが銀行の不良債権や銀行からおカネを借りている大口債務者の不良債権の拡大につながらないわけがありません。

とにかく株式の時価総額だけでもかなりのマイナスです。景気はと言えば、個人消費は激減して大不況です。失業者は、自己破産者は、倒産件数はと見ていくと、すべて増えている。資産デフレが加速している。だから、不良債権の額が増えている。ということは、政策に間違いがあるということの証拠です。

なぜかというと、金融庁がもっと短期間にすべての大口債務を把握すべきだった。問題はダイエー並の大口債務者です。大口の不良債権債務を抱える主要銀行と主要借り手を徹底的に調べ、その結果、最終的な不良債権の総額を確定し、大胆に外科主術をやるべきです。

▼大胆な外科手術政策

極端なことをいえば、これを完全に調べるために、一カ月間「バンクホリデー」にする。ふつうの預金者がおカネを引き出したり預けたりなどの窓口の通常業務は普通どおりやる。しかし、検査する部分のところの帳簿は一カ月動かさず、その間、部分的にバンクホリデーということにして、徹底的に帳簿、バランスシートを調べて、ほんとの債権、債務を確定する。

その金額が仮に全体で百五十兆円だと決まったら、銀行がもっている体力、銀行のもっている不動産や株、あるいはいろいろな剰余金などを充当させる。しかし、債務返済のために全部出させたら銀行は潰れてしまうから、返せる範囲内で返済をさせる。その上で、銀行の体力の範囲内では五十兆円しか返せない、残りの百兆円は強制的に銀行に公的資金を注入する。経営不能の状態に陥った銀行の経営責任を追求する。

それから銀行の検査については、嘘の申告は許さない。国家の危機なのだから、名称も〈金融FBI〉か何かに変えて、不良債権の実態を検査する。そして五千億円も一兆円も借りながら返すつもりのない大口債務者を徹底的に調べて公表する。百億円単位でもいいから大口は全部捜査するというぐらいにやる。その結果、銀行が資本不足になった総額、たとえば百兆円は強制的に公的資金を注入する。ここで過剰債務はことごとく解消することがはっきりします。

個人でも企業でも誰だって、借金がなくなったらすっきりします。世の中で何が精神的に悪いかというと、自分の収入以上の借金を抱えている人がいちばん悲劇です。金利を払うだけで追い込まれる。もちろん、元金は返せなくなるし、過大な債務になる。そして最後はコンビニに飛び込んで、わずか十万円のおカネのために人を殺したり、農協を襲って強盗をしたりする。諸悪は過剰債務です。だから、第一に過剰債務を断ち切る作業をするのがデフレ対策のいちばんやるべきことなのです。

このやり方は、自民党の渡辺喜美代議士がいうように、産業再生委員会をつくって大口の債権債務を調べる。そして公的資金を強制注入する場合、「平成復興銀行」というのをつくって第二日銀として不良債権処理のための窓口とするものです。平成復興銀行という一時的な国営の銀行をつくるという案を出しています。そういうやり方を具体的に提案している人もいるわけですが、なぜか小泉首相は聞く耳をもたずで間違った経済政策、三十兆円の国債発行額にこだわるとか、全くナンセンスで、意味がないことをやっています。確かに財政再建をやろうということは大切なことですが、今三十兆円にこだわるのは、ただデフレ不況を悪化させるだけです。

不良債権の処理ということは正しいけれど、どういうふうに不良債権の処理をするかというやり方については、残念ながら柳沢金融相や竹中経財相に丸投げした結果、よくないやり方をしています。だからデフレが終らない。これも客観的事実です。彼らが正しいやり方をしていたら、不良債権は解消し、景気が回復するはずだった。そうなっていたなら、アメリカが心配する必要はない。G７でも批判されることはない。間違ったやり方をしているから、株価もどんどん下がる。あれだけ不人気だった森首相時代よりも株価が下がってるのですから。

余談ですが「文藝春秋」（二〇〇二年二月号）誌上で、文芸評論家の福田和也氏が「採点・歴代総理の値打ち」という特集をやりましたが、あのとおりだと思います。小泉首相の評価は、歴代総理の値打ちのなかでワースト五位に入っている。そして何と二十九点。森さんは一点上で三十点です。二十九点評価の人はどういう首相かというと、明らかに国策を誤って国益を大いに失った首相だということで、百害あって一利なしとされています。小泉首相が失地回復のためにもやるべきことは、先述したように不良債権の外科的大手術なのです。

大事なことは、これを実際にやるかどうかということです。やればデフレが終わる。では、デフレが終わるこの政策をとるかというと、まだやる気配がない。なぜかというと、柳沢金融相が反対しているからです。まだ今は、三月中旬現在では、銀行は金融危機にいたっていない。十分な引当があるというバカなことをいっています。実態はそうではありません。マーケットがそれを知らせています。もし健全で金融危機の心配がなかったら、どうして銀行の株価が下がるのでしょうか。銀行株はバブル以来、最安値になっているという事実をどう説明するのかということです。

▼株式市場は正直

彼らはいわゆる机上で考えた統計数値や調査表にもとづいてやっていているだけなのです。経済の実態については、社会現象が金融危機の警告をすでに発している。株式市場（マーケット）は緊急事態発生です。だから、柳沢金融相を即座に更迭すべきだとわたしは思います。そうでないと外科手術ができないのです。

いまの日本経済は、飛行機にたとえれば視界不良のダッチロール状態で、燃料も少なくなっている。そんなときに、操縦室のスタッフの一人が「まだ大丈夫だ」と言っているのと同じです。乗客のわれわれはとんでもないことになっているのです。

今の小泉政権の経済ブレーンは、一言でいって曲学阿世の輩です。これは昔、吉田茂首相がいった言葉ですが、この一年間の政策の結果だけみても、とにかく日本の富を百兆円以上失わせているのは彼らの責任です。金融政策を失敗した日銀の責任もありますが、総合的にこのデフレ大不況を深刻化させた責任があります。彼らはそういう重要なポストにいるわけですから。

また小泉政権の中枢からも、「このままではもたない」という金融危機発生の懸念の声も出始めました。ようやくデフレ対策が最優先課題という方向で国論が統一されつつあります。しかしそのやり方については政府内でもまだ統一されていない。今後は小泉首相がさらにデフレ対策を踏み込んでやれるかどうかにかかっています。

そのための信号（サイン）としては、予算成立後、内閣改造を決断するか、あるいは新たに「金融危機対策担当大臣」を創設することです。とにかく、デフレ不況脱出のために政策転換をはからねばならない。

いうまでもなく、小泉首相自らが強制的に公的資金を一斉注入し、抜本的に不良債権を断ち切らないといけないと判断したときが、「夜明け」です。小泉首相が、金融・経済に強い若手政治家を抜擢することに期待したい。

窮すれば通ずるといいますが、追い込まれて、もし小泉首相に運があるなら、誰かが出てきてやるのではないか。有力候補としては保岡興治代議士が事務総長を務める国家戦略本部のメンバーたちに期待したい。これが一つのデフレが終わるタイミングです。

▼小泉首相失脚!?

小泉首相の人気が急速に落ちた原因は、経済大不況と田中真紀子さんの更迭といわれますが、わたしは真紀子さんの更迭よりも、不況が原因だと思います。これだけ期待したのに小泉さんは何もしてくれないじゃないかと、ようやく中小企業の人々も思い始めている。今度もサラリーマンの医療費負担を二〇%から三〇%に上げるだけでしょう。こんなことを喜んでいる人は誰もいません。結局、小泉首相の政策は、弱者をいじめる政策になってしまっているわけです。

そういうことから第二のシナリオは、小泉政権がもたない。支持率が急落しましたが、さらに低下する。一度落ち始めたらとまらないというのは相場（マーケット）の原則です。相場（マーケット）の原則は一度大天井を打ったものは、前の高値を抜かない。だから、わたしの相場観でいうと、小泉株はもう大天井を打った。昨年の五月七日の就任時が天井だったと思います。

だから、小泉人気は下落する一方だと予測します。小泉首相を救う方法として、救世主的に誰か景気をよくする人が右腕に出てくるとか、思い切って内閣改造をして経済担当の大臣たちを入れ換えるとか、心機一転を狙うことです。そういった対応や変化がなければ、小泉改革の失速、小泉首相の失脚が起こりうる。

以上のシナリオのように小泉首相がやめるか、実質的に小泉さんがリーダーシップを失う。そういう状況になると、市場（マーケット）はより悲観する。小泉首相が失墜してしまうと、いわばメインパイロットがいなくなってしまうわけですから、それでなくともダッチロールしている日本経済が墜落するというシナリオになる。

今後の株価を予測すると、二〇〇一年の米国同時テロ発生後の九月の安値が一番底、今回の金融危機勃発懸念による安値、二月六日の安値が二番底です。今後は株価はデフレ対策を歓迎して、リバウンド局面に向かう。そして前述のような政策転換があれば夜明けで急騰というほうのシナリオですが、そうでない場合は夜明けの前にさらにダメ押しの暗転局面があると予想されます。この場合、小泉政権は経済失政が仇となって失速する可能性が高まります。このシナリオでは、株価は今年の後半に安値を更新して、デフレ不況がさらに深刻化する。今以上にひどい状況になって、デフレ不況の最終局面を迎えます。

第一のケースは、政策によってデフレは終わる。第二のケースは市場の崩壊によってデフレが終わる。市場の崩壊によってデフレが終わる場合は、日本国民は多大の被害をうける。それは何かというと、強烈な資産価値の下落です。株でいうと最後の投げ局面がある。今でも株価は三分の一とか四分の一になっているのに、さらに安値を突破して資産崩壊となる。投資家は恐怖感を煽られる。その場合、たとえば日経平均が六千円、七千円まで落ちる。もちろん、金融機関や大口債務者も含めた連鎖倒産が秋口から年末にかけてありうる。

こうなると、少なからず日本初の金融恐慌の懸念も出て、日本株の暴落によってニューヨーク株の暴落、欧州株の暴落、大幅円安という局面が予想されます。そこで世界的な緊急事態発生ということで、極端な場合は日本はＩＭＦの管理下におかれてしまう。あるいは極論ですけれども、アメリカから財務長官が派遣されて管理下状態になる。

戦後、マッカーサーがきて一時期日本の政治を統治した。経済ではドッジデフレがあった。あれから何十年もたったけれども、今回も実質アメリカの管理下におかれて、日本のデフレ不況を終わらせるという事態がやってくる可能性はゼロではない。どちらにしても二〇〇二年の春以降、早い時期に大幅な政策転換を敢行できなければ日本は危うい。今まで効果的な政策をやっていないから、思い切った不良債権処理、デフレ不況終息の対策を出すことができるかどうかに、小泉首相の命運がかかっている。

今も経済改革をやろうとしていますが、百家争鳴で小泉政権として、どの政策を思い切ってやったらよくなるのかという決断が行われていない。そして、このままでは時間切れになって市場崩壊でデフレに終わりを告げる。

その場合は、小泉政権は吹っ飛ぶでしょう。そのときこそ国家非常事態が宣言され、国家非常事態内閣ができると思います。以上、政策転換か市場崩壊かそのどちらかによって、デフレが終わるときが近づいているというところです。

2 デフレの終わりを読み取るための情報網をつくる

▼CIA並の情報網をつくる

プロローグで、メリルリンチニューヨーク本社における研修の経験談を挿話として入れましたが、そのなかでクラスメイトにCIA出身者がいたことに触れました。その後、私自身はCIAとは何の関係もなく新聞、書物でまれにその文字に接するだけでしたが、なぜかその人物のことは印象に残っています。

当時、ショーンコネリー扮するジェームス・ボンドが活躍する映画が大ヒットしており、私もこのシリーズは欠かさず見ていました。「ロシアより愛をこめて」や「ゴールド・フィンガー」など、娯楽映画としては傑作でした。「アラビアのロレンス」のようなスケールの雄大さと国際性がありました。

それはともかく、「アッ、００７の一員か」などと思ったものです。もちろんジェームス・ボンドはＣＩＡのメンバーではなく、英国諜報部ＭＩ５（ミリタリーインテリジェンス）のメンバーでありますが。

そのとき、元ＣＩＡだというクラスメイトが私にいった「情報とは何か」という話が興味深かった。「情報とは九〇％以上世の中に出ているものです。だから自分なりの情報網をつくって、それを継続、更新していればいい。特別な行動をする必要はない。貴重な情報が日々の新聞、雑誌、テレビ、そして友人との会話や人々の雑談のなかにある」

このことからヒントを得た私は、最初のうちは自分の仕事に直接関係のある経済情報、株、為替、金、債券、金利など、特に金融情報に的を絞って情報網を張りました。

そのやり方は、まずできるだけ広く浅く情報収集のネットを張る。つまり、大きな網を情報に投げかける。当時はまだ若かったこともあり、体力、知力が余っていたのでしょう。深夜まで六本木のバーあたりで飲んで帰ってきても、朝五時とか六時に目覚めて会社に一番乗りでした。勤務先はメリルリンチ東京支社といういわば情報センターみたいなところでしたから、和文、英文を問わず新聞でも雑誌でも何でもタダで読めました。給料も退職した以前の勤め先である大和證券のときの三倍くらいは貰っていたので、経済誌や金融・経済・歴史などに関する書物は惜しみなく買いました。買っても読まない本も多かったのですが、とにかく買いまくりました。

今でもそうですが週に一度は書店へ行って、多いときには一〇冊以上も買い込みます。最初は手当たり次第でしたが、そういった作業を長く続けていると、どの分野にはどんな専門家がいる、どの雑誌には一級の人物の連載がある、どの新聞のどのコラムが貴重な情報か、次第にわかってきます。

それを分野や項目、人物ごとに整理してゆけば、いながらにして米国中央情報局（ＣＩＡ）にも負けない情報網をつくることができるのです。特に昨今はコンピューターの出現により膨大な量の情報のファイルや統計、分析が可能になっています。努力次第でごく普通の人が数年で情報のプロになれるはずです。問題はどの分野に自分の視点を置くかであり、方針が決定すれば、あとは継続は力なり、ということになります。

私の場合、当然株式投資や為替相場の世界、金融経済の分野に視点を置くことからスタートしています。そういった分野の情報をつきつめていくと世界と日本の政治経済、ひいては世界と日本の歴史の過程を知ることが到達点（最終ゴール）であるということがわかってきます。

だから、どのような小さな視点から入っても自分の情報網がＣＩＡ並みのグローバルでハイレベルなネットワークになってくれれば、その奥は深く、世の中を動かすものは何かというようなことを考えるようになります。まだ、自分の情報網を張っていない人は今すぐスタートすることをおすすめします。

自分の情報網を張っていない人というのはどういう人かというと、ただ漫然と情報に接している人です。自分の視点を持たなければいくらテレビを見て、新聞を読み、本を読んでも本当の情報を得ることはできません。

自分独自の視点を磨くことが決め手となるのです。

▼先読みの達人の知恵

デフレが終わる条件として小泉改革の政策転換、あるいは市場の崩壊という二つの大きなシナリオをいいましたが、それは政治経済の流れからみた見通しです。

一方で、先を見通す、予測するというのは理論どおりにはいかないわけで、いわゆる人間の感性で考えることも大事です。私事で恐縮ですが、わたしはかつて新聞や雑誌を通じて一ドル八十円の到来を予測し、一九八八年、バブル崩壊の一年前に株価は天井が近いといったので「先読みの達人」とか「先読みの名人」といわれています。先読みをするための有効な判断材料としては経済や政治の流れを読むことも大事ですが、それ以上に重要視しているのが社会現象からくる判断です。

冒頭にいったように、一九八九年の末、九〇年代のはじめにスーパーインフレが終わったときに、その一年ぐらい前にインフレの頂上、相場の天井をあらわす社会現象が見られた。今回はデフレ不況のいわゆる大底にあるとしたら、デフレ不況の最終局面だと思わせるような社会現象が見られるはずです。その場合に、重要なチェックポイントを二つあげたいと思います。

その一つは、デフレ不況が終わるときの条件として、デフレ時代の前の大インフレ時代のスター、王者がいる。このインフレ時代のヒーローが退場したら終りということがいえるわけです。インフレ時代の王者（ヒーロー）とは誰か。それは流通、ゼネコン、不動産、商社などです。つまり、現在の大口債務者たちです。もちろん貸し手である銀行もです。だから大手の銀行が消滅し、大口の債務者の何社かが生贄になれば、デフレが終わるときは近いというサインです。

一九九七年、北海道拓殖銀行の経営破綻のときも驚いたけれども、今回は戦後の高度成長の金融部門の王者でもあり、インフレ時代の金融機関のスターでもある第一勧業銀行、日本興業銀行、そして富士銀行といった名前が消滅した。それが「みずほ」になった。また三和銀行と東海銀行はＵＦＪ銀行となった。銀行の淘汰が加速化している。銀行の数が少なくなっている。デフレが終わる最終局面はその部門の王者、銀行なら銀行の王者、流通なら流通の王者が退場していくことが最終局面です。銀行も大手が退場、スーパーもダイエーが退場する。そういうインフレ時代のヒーローが淋しく消えていく局面が、デフレが終るときです。今、そういう現象が起こっている。まだ十分ではない。さらにきびしい淘汰の波が待ち受けているであろう。

もう一つの指標は、デフレが終わるのですから、デフレ時代の王者がピークを越すことが必要です。これが二つ目の条件です。

デフレ時代の王者というと安売りの王者、その代表的なものがユニクロのファーストリテーリング、食べものではマクドナルドや吉野家です。そういう安売りの王者たちが、利益が上がらなくなっている。明らかにデフレ時代の王者がピークを越しているのではないかという兆候も見え始めています。

この二つの条件が揃えば、デフレが終わる。インフレ時代のヒーローが消えたり退場するという現象と、デフレ時代のトップランナーが峠を越す、ピークを越すという二つの現象が、デフレの終わりのお知らせ現象なのです。

▼情報の選別をどうするか

デフレを勝ち抜くためには、情報の取捨選択が大事になる。情報の取捨選択とは何かというと、自分の視点で情報をみることです。多くの人は、情報洪水時代のなかで、情報に流されている。ただ漫然と新聞を読んだりテレビをみたり雑誌を読んでいても、先は読めない。デフレの後にやってくる大きな転換を察知することはできない。情報通になるためには、情報の洪水のなかから大事な情報を読み取るための自分なりの視点をつくることです。

では、その視点はどうしたらできるかとなると、これは一朝一夕にはいかない。一朝一夕にいくなら誰でもできる。自分の視点をつくる見方、考え方、情報の分析力を養わないといけない。そのやり方のテクニックの第一は、最初はできるだけ広く浅く情報の網を張ることです。アンテナの幅を広くして、できるだけ多くの新聞・雑誌を読み、分析力を養ううえで役に立ちそうな本を読む。

どんな天才にも、二十四時間しか与えられていません。その二十四時間のなかでどれだけ時間を使って、しかも効率よく情報を読むかという勝負になってくる。そういう作業を何もしないで、デフレを勝ち抜くことは難しい。誰か目先のきく人がやったあとをついていくしかない。デフレに強くなろうということであれば、まず広く浅く網を張る。そうしたなかで、自分の視点を持つ。

あなたが金融のプロ、経済のプロを目指すのなら、どうしたら経済や金融の分野でよい情報を得られるか、先行きを読めるか、あるいは今起こっていることのほんとの意味は何かと考える。

そのような努力の積み重ねが、明日の情報を読み取るための視点をつくることになるのです。これは経済や金融、政治、社会的なこと、スポーツでも、何でも同じです。

もっと具体的にいえば、広く浅く網を張って情報を継続して読んでいると、徐々に書いている人が白帯か茶帯か黒帯かがわかってくる。この新聞記者は経済のことがあまりわかっていないとか、逆に上質の情報だとかわかってくる。また、経済の分野はもちろんいろいろな本を読む。世の中で自分の視点づくりに役立ちそうな人物の情報は貪欲に吸収する。そういう努力をして自分のレベルを上げる。自分の情報分析力の向上と並行して、次第に黒帯レベルの人の情報がわかってくる。そうしたら、黒帯の情報だけ読めばいい。

トップレベルの情報だけ読めるようになれば、最初百しか読めなかった情報が、千読めるようになる。それも最初から白帯、茶帯の情報はカットしてしまうから、よりふつうの人より十倍も百倍も効率よく、トップレベルの情報を読むことができる。そうしてそのなかでも名人級がいるということがわかってくる。ということは、それだけ自分の腕も向上しているわけです。自分の能力と並行です。だから自分の情報分析力を磨くことが決め手となります。

学生や社会人になりたての若い世代の人々は、できるだけ給料をはたいて「日経新聞」でも「ダイヤモンド」でも「四季報」でも何でも読めばいい。そんなことかと思うかもしれないけれども、実は中身は簡単ではない。剣道も同じでしょう。毎日道場に通って竹刀を振って、腕が上がるとだんだん強い人がまわりにみえてくる。三年ぐらいたって自分が有段者になったら、うちの道場の先生は大したことなかったんだ、神田お玉が池の千葉道場には千葉周作という天才がいるらしい、そこへ行こうということになるわけです。そういう作業を少なくとも数年から十年はやる。そういうなかから黒帯情報、名人情報が集まってくると情報の名人になれますよ、ということです。これが情報通になる簡単なようで難しいやり方です。

▼弱肉強食、適者生存

今は誰もが将来に漠たる不安をもっています。その理由は先が読めないからです。目前に展開する金融ビッグバン。生き残りをかけた大手銀行の合縦連衡、企業リストラ。そこには敗者と勝者がいる。

八〇年代までの日本の常識であった共存共栄の思想はもはや存在しない。強いものだけが勝ち残る。新しい時代の波に適応したものだけ生存する。弱肉強食、適者生存の法則が平成の世を支配する。今や企業も個人も自己の才覚によって身を守らなければならない。それが企業経営であれ、株式投資であれ、独自の創造的な発想が必要となった。横並び思想では世の中は回らなくなったのです。事業や株で利益をあげようとする人々だけでなく、就職をめざす若い人達や老後をむかえようとする熟年者達でさえ、創意工夫を求められる。今までのように誰もが望む仕事にありつけたり、安全で豊かな年金生活を送れるとは限りません。極端に言えば明日何が起ってもおかしくない時代が到来したのです。

私は、百年以上の歴史をもつ、スイスの名門プライベートバンクの首席顧問を引き受けています。他日、その名門銀行首脳と会食したときに、二つの興味ある話題がでました。

ひとつは私が「あなたの銀行が一五〇年以上にわたって、ヨーロッパの富裕層に信頼を得た理由は何ですか」とたずねたとき、彼らは、「それは何が起っても、顧客から預かった資産を安全に守り、長年にわたって着実に増やしてきたからですよ」という返事が返ってきた。ヨーロッパといえば第二次世界大戦は言うまでもなく、過去数知れぬ戦乱、動乱を経験してきている。そういったなかで着実に顧客の富を増やす。税金対策はもちろんのこと老後の生活設計からグローバルな投資アドバイスまで広範囲に綿密なサービスを提供する。いわば富裕層に的をしぼった高級会員制倶楽部のようなイメージである。明日、何が起るかわからない。金融動乱の世の中となった日本に、今一番欠けているものがこのプライベートバンキングサービスなのです。

さてもうひとつの話題は、「日本の株が上がり始めているがどう思うか」という私の問いに、

「当社のグローバル運用の責任者達はしだいに日本株の比率を増やしている。それは昨年十二月ごろから、日本株が割安であり、日本経済は回復にむかいつつあるという判断をしたからだ」という回答であった。しかし、彼らはそれにつけ加えて、「我々の投資運用の哲学は五年とか十年という視野で富が増える対象は何かということだ。Aという業種、Aという銘柄が長期的に成長(値上がり)するという確実なデーターを裏づけに持ち続ける。もし十年前米国株のマイクロソフトを買って持ち続ければ資産は数百倍になっただろう。このような長期的な視点を持てるかどうかだ」と断言した。

この二つのエピソードからいえることは、いかなる変化があっても的確な見通しさえ持つことができれば勝ち組となる。そのためには、専門的金融情報サービスを受けることが不可欠であり、自己の先行きに対する見通しが決め手となる。

▼勝ち組の条件

巨大銀行が消滅し、金融氷河期のような時代を通過中だが、ようやく元気印の金融機関も出てきました。たとえばユニバーサル証券。新会社名の「つばさ証券」というのが誠に時代を先取りしている。まず、ひら仮名というのが良い。これからの時代は読みやすい、わかりやすいということが大事です。どのような会社も、まず消費者指向でなければならない。消費者（投資家）がまず何を望んでいるのか。わかりやすく、具体的なメッセージが必要なのです。

たとえば、ファーストリテイリングという会社は「ユニクロ」のブランドですでに有名だが、一九九九年には一年間で株価二十倍以上になった、今なお成長を続けようとしている。これなども特定の消費者層のニーズ（好み）を掌握し、的を絞った店舗展開に成功した例である。一方で消費者の欲求、関心を掴みきれなかった大型百貨店は総じて苦戦を強いられており、そごうに至っては経営破綻に追い込まれました。勝者と敗者がこれほど鮮明に対比される時代は他に例を見ません。伝統のある名門企業といえども安閑とはしていられない。「寄らば大樹の陰」とはもはやいえなくなった。それどころかどのような業種でも大企業ほど危機が迫っている。

ＩＴ革命は物量の時代から質の時代へと世の中の価値観を一八〇度転換させてしまった。高度の情報と高度な技術。経営効率を高め、生産性を限りなく追求する時代が到来した。人は入らない。スペース（場所）も入らない。スリムで高収益型の企業が二十一世紀の勝者のモデルとなっている。そこには不採算部門の売却や人員削減、在庫圧縮とコストダウン。そのためのＭ＆Ａ（企業買収合併）、アウトソーシングというようなコーポレートカルチャー（企業文化）が醸成される。量ではなく質の追求。生産者優先ではなく消費者優位の経営。大企業、ベンチャー企業が横一線に並んで価格競争力と創造力を競い合う時代なのです。

何をいいたいのかというと、世の中が大きく変ってきているということです。これからは創業わずか十年くらいの名も知らなかった企業が、ソニー、松下、トヨタなどという超大企業を追い越すような時代がやってくる。その変化のみなもと源泉は、米国発の情報通信革命です。米国では企業活動はもちろんのこと、個人の生活の隅々までインターネット化がすすんでいる。個人も企業も、この新産業革命ともいえる新しい波に乗ることができるかどうかが勝ち組と負け組の分れ目となる。

そのことは一九九九年の東京株式市場の動きをみれば明らかだ。店頭株を中心とした情報通信、流通、介護など新しい発想の企業の株価が暴騰した。しかし旧い発想のままの企業の株価は逆に下がった。『九九％の敗者、一％の勝者』という題名の拙著を九九年秋に発行した意図がここにある。わかりやすい、良いイメージの、消費者志向の企業。良い物を安く売る企業、インターネット思想を持った企業、高株価、株主重視の企業などが新しい時代に限りなく成長を続ける、勝ち組の条件である。

▼インターネットという名の津波

二十一世紀はどのような時代になるであろうか。それは、ひと言でいえば「インターネットの津波が押し寄せてくる！」。メリルリンチ証券のコンピューター担当のシニア・アナリスト、マヘンドラ・ネギ氏は一九九九年九月二十二日付けのレポートで「インターネットの津波、日出ずる国ニッポンコム」と題して、いよいよ日本にインターネット革命が起ろうとしていることを分析していた。

ネギ氏の言を借りれば、「日本でもパソコンの普及率が一八〇〇万台を突破し、メトカフの法則――ネットワークと個々の利用者の価値は、利用者数が一定の臨界点を超えると、幾何級数的に高まっていく――が働きはじめた」つまり米国発の情報通信革命が日本にも波及し、二十一世紀は日本版デジタル産業革命が起る。米国では「インターネットがすべてを変える」は常識となっており、実際日常生活でEメールでの交信やパソコンを駆使した情報管理、操作はすべての分野に行き渡っている。果して日本人のライフスタイルも急速に変化するか。その答えは「YES！」

少なくとも二〇〇五年頃までは情報通信分野で、欧米の先端企業に追いつけ、追いこせの目標が、経済復活の原動力となる。おそらく日本人は遅れをとったこのIT（情報技術）でも近い将来必ず米国先端企業に肉薄するはずである。なぜならこの国は一度方向を決めて走り出すと、もうどうにも止まらないという国民性があるからです。戦後の松下、トヨタが米国のＧＥやＧＭに遂には追いつき、世界の自動車、家電産業を制覇したことは記憶に新しい。「いや、あれは日本人が模倣が上手いからできたのだ、今度のＩＴ（情報技術）には創造性、独創性が要るから、日本人は苦手。今度はそう上手くはいかない」というのが大半の意見だろう。しかし、私はそうは思わない。

日本人に独創性がないか。私の友人の英国人ジャーナリストにいわせれば、日本人ほど「ドットコム時代」に適応する人々はいないという。日本人は元来手先が器用で、パソコンの修得に向いている。また、「おたく」と呼ばれる、若い世代を中心としたゲームソフトマニア達は、そのままインターネットの戦士に早変りする。加えて日本のビジネス社会では戦力化しなかった女性の潜在能力がインターネットの普及によって、おおいに活用される。まさに、二十一世紀は、「日出ずる国ニッポンコム」の黄金期の始まりだという結論に達した。だから、世界に通じる、インターネット企業はどこか！これが株式投資で儲かるかどうかの分れ目になるのです。ぜひ、インターネットの大津波に乗って、大儲けしようではありませんか!!（マヘンドラ・ネギ氏のタイトルは一九九九年九月現在のもの）

▼巨大銀行が消滅する!?

明日何が起ってもおかしくない時代が到来した。その象徴的な出来事が興銀、富士銀行、第一勧業銀行による大同合併でした。九九年八月、このニュースが伝えられると当時、株式市場では銀行株が一斉に急騰したのです。

日本の銀行もいよいよ本気でリストラをやり始めたという評価のためです。しかしその裏側は興銀、富士銀行クラスの巨大銀行でさえ一歩間違えば、倒産しかねないという金融危機が差し迫っているともいえる。口の悪い友人のカナダ人が「三行がそれぞれ三回破綻するよりも、一行で済むと考えれば、今回の統合には意味がある」と毒づいた。笑い話のようですが、欧米人の目にはそう映るらしい。三行合併しても本当の構造改革（大リストラ）が行われなければ、合併後も安全とはいえません。厳しいグローバル・サバイバル（国際競争）に勝ち残ることができない。

今、日本は金融ビッグバンを通過中です。金融ビッグバンとはグローバルスタンダードを目指して、各金融機関が収益性の高い競争力のある企業体質に生まれ変わること。それは護送船団方式でやってきた日本の銀行や生命保険会社などにとって、大幅なリストラを意味するのです。

また、金融開国、構造改革は一方で日本の既存勢力の破壊、消滅が伴う。山一證券や長銀、日債銀の例をみるまでもありません。だから、金融ビッグバンと金融パニックはコインの裏表でもあるのです。一九九八年夏のロシア危機、それにつぐ米国ヘッジファンド、ＬＴＣＭ（ロングターム・キャピタル・マネジメント）ショックは世界経済を一時パニックにおとしいれました。つまり、いかに世界の金融システムが複雑化し高度化しても、国際金融市場の法則は極めて単純です。それはマネーがうまく循環しているか、いないかの問題です。金融テクノロジーの進歩とともに、世界のマネーは膨張し続けている。それがひとたび回らなくなったら金融パニックの襲来となるのです。

ロシアやＬＴＣＭの場合も一時的ですが、マネーが回らなくなった。ある日突然、ロシアの中央銀行がロシアの国債の償還に応じられなくなった。ＬＴＣＭは資金がショートした。マネーが回らなくなれば、連鎖的にどこかの国の銀行が破綻に追い込まれたり、資金の手当をするために大量の株式や債券を売ることになる。それは株式市場や為替市場にパニックとなって跳ね返る。金融パニックとはこのような連鎖的に起る世界規模の信用収縮のことなのです。

一見順調に見えるウォール街も東京マーケットも金融当局がひとつ舵取りを間違えば、世界の通貨、株、債券市場に金融クライシスが発生する緊張感と対峙しています。この懸念を払拭するためには世界の各マーケットが一層の情報の開示、市場の開放をすすめて、公正で競争のある市場づくりを急がねばなりません。そして、その開かれた市場には誰にもビッグチャンスがあり、ビッグリスクがある。しかし、市場の行き過ぎには危機管理システムが発動するというマーケットが理想である。その理想的なマーケットに最も近づいているのが米国株式市場ではないでしょうか。

自己責任、自由競争の原則のもとに米国民の誰もがアメリカン・ドリームを追いかけている。「行き過ぎた株高、株安」には政府、中央銀行が厳しい監視の目を光らせている。日本の場合、二〇〇二年の四月のペイオフ解禁までに米国型の市場経済を機能化させることが命題となっている。日本の改革は果して進んでいるだろうか。不良債権処理の促進、デフレ対策によって、さらなる巨大銀行間の再編も含めて金融動乱が続くだろう。

▼花は散り、山は崩れた

「巨大銀行が消滅する！」という話しの続きで、その舌根も乾かないうちに、九九年十月十四日、住友銀行、さくら銀行という巨大銀行同志の合併が突如発表されました。興銀、富士銀行、第一勧業銀行の三行統合の余震も収まらないうちに、あらたなメガ・バンクの登場となった。日本の金融大編成が始まったのです。

青い目の友人のジャーナリストが「ミスター・スガシタ、今ワレワレの世界では『花が散るか、山が崩れるか』という言葉がはやっています」とこっそり教えてくれました。

欧米人のハイクラスの連中、ジャーナリストやインベストメントバンカー、弁護士、公認会計士などといった知識階級の集まりがある。彼らは夕刻六本木の高級イタリアンレストランや表参道の会員制倶楽部などでよく情報交換しています。彼らの間では「日本の象徴である、ヤマ、富士（銀行）やハナ、さくら（銀行）が消滅するまで、金融再編は終らないであろうとひそかに囁かれていた。ついに、富士とさくらという日本を代表する銀行名が消滅してしまった。合併・統合が日常茶飯事の出来事になったが、本当の競走はまだ始まったばかりです。

図体だけ大きいメガバンクができあがっても、金融氷河期のマンモスとなって消滅するだけだ。今後はいかなる大手銀行も有能な指導者（グローバルマネジメント）と金融ハイテクロジーを開発する技術者（ファイナンシャル・エンジニア）が輩出しなければ勝ち組となって生き残れないでしょう。欧米金融機関の生存競争にはすさまじいものがある。容赦のないリストラ、不採算部門の切り捨て、人員整理、そして収益性をもとめて、大胆なM&A（企業の買収、売却）を敢行する。

米国の金融再編にはプラス情報革命という新しいエネルギーが働いている。証券、銀行を中心に米国のインターネット化は進む。米国の金融改革は情報化と一体です。その質、量ともに日本や欧州先進各国をはるか後方に置き去りにしてしまっている。

今、米国は第二の産業革命をむかえている。その最先端が世界一の長者となったビル・ゲイツ率いるマイクロソフト社です。個人資産は一時十六兆円、マイクロソフト社の時価総額も約六十兆円となった。アメリカン・ドリームが現実のものとなったのだ。米国のナスダック（店頭市場）は巨大な可能性を潜めている。毎年、二〇〇社を超える情報ハイテク先端企業が出現しては、消えてゆく。そのバイタリティーと速度が米国の繁栄とも言える。昨年九月の大規模テロ発生により株価は急落、景気は後退したが、二〇〇二年三月現在早くも回復の兆《きざし》を見せている。

金融革命と情報革命が一体となった米国のニューウェーブ（経済の新しい波）を感性でとらえなければ、米国と日本の近未来の姿を推し測ることはできません。

▼情報資源を買う

ヤフーの株価が平成十二年二月二十二日に一億六七九〇万円の高値をつけました。ソフトバンクも二十万円の大台に迫った時期がある。（平成十二年二月十八日引値ベース）。

それまで株式市場に無関心だった人々も、にわかに色めきたって、「いくらなんでもヤフーの一億円は高すぎる。インターネット株はバブルだ」と大騒ぎとなった。しかし本家本元のソフトバンクの孫正義社長は、当時経営破綻し一時国有化された日本債券信用銀行をオリックス、東京海上火災保険などとともに買収し、着々とネット財閥を形成した。ソフトバンクが本当のバンク、銀行になってしまった。「ソフトバンク銀行」の誕生というわけである。

孫正義という人物は「無」から「有」を生みだす天才である。ITバブルが破裂し、すでに苦境に落ち入ったと噂されるソフトバンクだがインターネット・ビジネスそのものはバーチャル・マーケット（仮想空間市場）であり、依然として無限の広がりを持っている。IT革命とは「無限の広がり」「無限の可能性」を意味する。だから、ソフトバンクの株価がいくらが適正な価格なのかどうかはソフトバンクの収益や業績予想ではない。ソフトバンクの持つ情報価値、情報資源がすべてである。ソフトバンクが目指す、EC（電子商取引）マーケットの制覇。

ソフトバンクが投資する、インターネット企業のもつ潜在成長力。価値ある情報資源に投資家の夢が集まる。ひとつの情報資源が何十倍、何百倍の新たな情報資源を再生産する。その象徴がヤフーの一株一億円でした。今後も第二、第三のヤフーのような成長企業が登場する可能性はある。ヤフーやソフトバンクに代表される、情報産業の自己増殖は情報革命が続く限り拡大する。誰にもその臨界点はわかりません。情報革命の波はほぼエンドレス、終わりのないドラマだともいえます。二〇〇五年までに世界のインターネット人口は十億人に達するという専門家の見方もあります。米国発のデジタル産業革命は一過性のものなのか、あるいは五十年に一度、百年に一度の技術革新なのかといえば、私は後者の一世紀に一度の革命説をとります。

▼デジタル生物の時代

平成十一年の東京株式市場を振り返ればＩＴ革命の余波を受けて大きく動いた。米国店頭市場（ナスダック）の歴史的な高値更新の後を追いかけるように、日本の店頭株式市場が活況を呈したのです。また、東証一部、二部市場でもソフトバンクやＣＴＣ（伊藤忠テクノサイエンス）、トランスコスモス、ソニー、オービック、Ｆｓａｓなど、いわばＩＴ革命の群ともいえる銘柄だけが続騰した。こういった銘柄群を私は「デジタル生物」銘柄と呼んでいます。

一方で、ゼネコン、商社、銀行など八〇年代のバブル崩壊の後遺症をいまだ脱却できずにいる企業群の株価は、上がるどころか落下した。バブル不況の元凶は不良土地です。不良土地の在庫がいまだ解決されていない。その証拠に六大都市圏の地価は下げ止まっていない。この土地不況のあおりを受けて消滅する企業が今もあとをたちません。スーパーの長崎屋や千代田生命、協栄生命、最近では青木建設、マイカルなど数え上げればきりがない。

▼日本はなぜ没落するか！

戦後半世紀に及ぶ日本の復興と奇蹟の高度成長は一九八九年末、東西冷戦の終結を転機として、ほぼ同時期に終焉しました。八〇年代の「ジャパン・アズ・ナンバーワン」と呼ばれた時期は約十年と短期間に終わり、経済大国ニッポンは今や過去のものとなり、平成動乱の時代が到来しました。つまり、繁栄の八〇年代が終わり、動乱の九〇年代を迎え、このままでは二十一世紀は日本の没落の始まりになってしまうというのが私の歴史観です。

結論を先にいえば、「世の中は変わった」ということだ。それも一八〇度の転換です。日本を経済大国に押し上げた全てのシステムが有効でなくなった。政・財・官一体となった「鉄の三角形」の仕組みや終身雇用、年功序列、という企業システムが機能しなくなった。統制型経済ではなく市場型（自由競争型）経済への転換。横並び主義から能力主義、能率型経営への転換。今後日本の企業はバブル崩壊とともに発生したデフレ不況と構造改革という二つの難問を乗り越えてゆかねばならない。

果たして日本人と日本の企業はこの試練を突破することができるのか。そのためには、①リストラ、②技術革新、③世代交替という三条件が不可欠です。つまり、⑴思い切った労働人口の移動、⑵ＩＴやナノテクノロジーのような技術革新に重点投資、⑶八〇年代までの発想を全て切り捨てるために思い切った若返りがあらゆる分野で必要となる。

いずれの場合も強いリーダーシップが求められます。ところが今の日本には政界にも財界にも官界にも強いリーダーが現れない。政・財・官だけではない。日本国中、リーダー不在の状態です。なぜなら、強いリーダーやヒーロー（英雄）を育てない教育を戦後五十年間行ってきたからです。戦前の英才教育やエリート養成といったことが拒否され、戦後は結果の平等や弱者救済に重点をおく教育が行われた結果です。これが今後日本が没落するであろう主要な要因となる。

今や、「日本の没落が始まっている」というのは私の直感であり、歴史観です。しかし、これを学説的に論証している書物がある。森嶋通夫著『なぜ、日本は没落するか』（岩波書店）。私は相場の世界から見たニッポンの未来を、下降トレンドと九〇年代の初めから予測していた。しかし森嶋氏はそれを学問的に裏付けられておられる。日本の未来の問題点を的確に予言した書として読者の方々にも一読をおすすめしたい。

森嶋氏も指摘されているように、今の日本は有能な指導者不在（とくに政界）で上から腐りつつある。大変な世の中が続きそうですが読者の方々にはぜひピンチをチャンスに切り替えていく心構えを持っていただきたい。

3 デフレを乗り切るための人脈をつくる

▼超一級の人脈ネットワーク

欧米社会においても、日本社会においても、人脈ほど大事なものはありません。すばらしい人脈を持っている人はすばらしい人生を送れるといってもいい。

それではすばらしい人脈を持っている人とはどういう人たちのことなのでしょうか。大きく分けて二種類あります。

その一つは、元々スーパーファミリーの出身の人です。祖父が吉田茂とか鳩山一郎となると、こういう人たちは生まれたときから富と名声を得ています。当然素晴らしい人脈に恵まれます。

しかし、そういった人たちでさえ人脈ネットワークのメインテナンス（継続、更新）をやっていなければ、超一級の人脈を維持することはできません。超一級の情報網を維持することと同じような努力がいります。情報も人脈も日々うつろい、時の流れとともに変化しているからです。もう一つの素晴らしい人脈を持っている人たちは、生まれながらにしてではなく、ゼロからスタートして何らかの秘訣やコツを心得ている人たちです。

普通の人のための人脈をつくる法の第一歩は何か。ここでもまた、最初にどんな人脈を構築してゆくかという自分なりの視点、目標設定が必要です。普通の人はこの部類に属するはずです。私の場合はまず目指したものは金融界、経済界における人脈です。

どうしたらトップクラスの金融情報が入るか。どうしたら証券ビジネスの頂点に立てるか。今から考えると一九八〇年代に始まろうとしている大インフレ時代にピッタリの構想でした。しかし今はまったく正反対のデフレ時代です。同じような発想ではダメです。金融界にどんな人脈をつくってもマーケット（市場）は仮死状態です。マネーもマーケットも動いていません。このような世の中では今までの金融人脈や経済界の交友はあまり活きてきません。ではどうすればよいか。その処方箋は、本書⑨の「デフレの勝者になるために一度すべてを捨ててみる」をご覧下さい。

さて、最後に誰にでもできる人脈づくりのコツをお話しましょう。

まずは構築したい分野、たとえば金融とかＩＴ（情報通信）とか飲食（グルメ）とか何でもいい。その分野のトップクラスと思われる人物一人を友人にすることです。あとは自分の能力、人格そして努力によっていくらでも拡大します。そのトップクラスの一人が必ず自分の周辺のどこかにいるはずです。学校のつながり、もしまったくなければ直接本人に手紙を出すくらいの熱意が必要です。「念ずれば必ず花開く」という言葉があるように、熱意と実行があるのみです。業界トップクラスの人なら講演したり、セミナーのゲストになったりしている可能性も高い。そういうところに進んで出席して知己を得る手もあります。いえることは「棚からボタ餅」的な発想では人脈をつくることはできないということです。

次に職場や取引先で、仕事を離れて付き合える同志を数名つくる。この同志と一緒にさきの努力をすればさらに人脈の輪が広がります。

三番目に、自分の出身地、自分の出身校、転職した場合は元の会社、つまり、自分と縁のあった地域や団体との関係をおろそかにしない。

自分が所属しているスポーツクラブや会員制クラブ、とにかく人が集まる組織や団体とのつながりを大事にする。たとえば寄付を頼まれたりすれば気前良く応じる(分相応で背伸びする必要はない)。イベントや行事があればできるだけ出席する。各種パーティーやセミナーも時間の許せる限り積極的に出席する。そういった日々の人脈づくりのための活動の積み重ねが、あなたに素晴らしい人脈を提供してくれます。

さて、人脈をつくる法の締めくくりとして、最も大事なことを。

具体的な人脈づくりの法として、このような行動を起こすにあたって絶対に忘れてはならないことがひとつあります。それは人に接する際に相手を利用してやろうというような欲得だけで接近しては初めから失敗します。あくまでその人と打ち解けて色々なことが話し合える関係、ともに信頼関係を気づくことが第一歩となります。

相手がトップクラスの人物であれば、よこしまな気持ちで近づいてきたり、利害得失で接近してきたりするような人種を見抜く力を持っています。だから人脈をつくる法の秘訣は、常に真摯な気持ちで相互理解に努めることです。そのうえで共通の話題、共通の信条、共通の夢、目標を共有しえることが最も大切なことといえます。

それが目上の人なら相手をまず尊敬する。そして相手を応援する気持ちが大切です。究極の人脈をつくる法は、会えばお互いに心地よい気持ちになるような人間関係をつくることです。

▼政・財界人を友人にする

政・財界人といえば、普通の人から見るとかなり遠い存在のように感じているはずです。確かに自分たちが行く居酒屋にはあらわれませんし、あまり地下鉄やバスに乗っているところを見ることもありません。つまり、一流の政・財界人となると一般の人々とはまったく違った生活スケジュール、生活様式で動いていることが多いのです。

では普通の人たちとの接点はどこにあるのか。

まず一番理想的な順路は、趣味を通じて知り合うことです。囲碁、将棋、書道、陶芸、小唄といった日本風なものから、社交ダンス、料理教室、絵画、カラオケ、ゴルフ何でもいい。自分の好きなことで知り合えればグッドラックです。

しかし、そういった趣味・娯楽のラインでもあまり庶民的な場所には現れません。やや高級感のあるサロン風なところ、あるいは会員制クラブということになるので多少経費がかかります。

あえて正攻法で行くなら政治家の場合、必ず個別の勉強会や代議士を応援するクラブがあります。これには比較的容易に加入できるので、これはと思う政治家（できるだけ若手がよい）の会に入会するのもひとつのアイデアです。

そうすれば、代議士の講演会や政治・経済フォーラムなどもあるので、それらに出席して代議士の秘書とまず顔なじみになって、機会を見て本人に紹介してもらえばよい。すでに大臣や派閥の幹部になっているような政治家の場合は、よほどのことがない限り普通の人と会っている暇はありません。だからできるだけ売り出したばかりの有望若手政治家を応援するのが政治家を友人にするコツです。

財界人の場合は、個人的な会やクラブを持っている人はほとんどいないので同じようなわけには行きません。できれば小さな会社でもつくってY・P・O（若手経営者の会）や日経連などの下部組織の勉強会にもぐりこむのが手っ取り早い。しかし、それなりの企業のトップであることが要件となるので、普通のサラリーマンや商売人にはチャンスがありません。

それからベンチャー企業中心のクラブもありますが、これも普通の人では加入できません。財界人と知り合う一番の近道は何か。事業を興して自分が起業家になることです。そうすれば起業家グループの輪のなかに入っていけます。起業家グループのシニア（上級者）は、財界人の一人や二人と繋がっているので、いずれ紹介してもらえます。

それ以外の線では、財界人に比較的交友を持っているのがジャーナリストですから、友人にできれば一流にこしたことはないのですが、二流でも三流でも新聞社や出版社に勤務している人がいれば、そういう人たちを通じて紹介してもらうことも可能です。特に大手新聞社の政治部や経済部にいる人たちは大なり小なり政・財界人との交流を深めているのでジャーナリストを友人にするというのが政・財界人を友人にする近道でもあります。

▼情報をもっているのは誰だ！

世の中で成功するためにどんな仕事でも大事なことは、情報と人脈だと思います。これはデフレを勝ち抜くために必要なだけではない。何をやるにも、人脈と情報は必要です。一介の学生から政財界人のトップにいたるまで必要です。しかし、その人のレベルによってその人脈と情報の使い方や効用が違うだけで、先の情報のとり方と似通っています。

いい人脈をもっていれば、デフレ時代の転換期や新しい動きを察知することができます。いい人脈をもっていれば、その人脈からいい情報が入るからです。政財界の人脈も必要です。なぜかというと、今世の中でいちばん情報をもっている人たちは誰かといえば、それは当り前のことのようですが政界、財界のトップクラスです。彼らにはいろいろないい情報が入ってくる。そのほかでは官僚です。官僚はあらゆる情報を集める権利をもっている。財務省は金融界の情報が全部入ってくる。次はジャーナリストです。ジャーナリストは情報を集めるのが仕事ですから。

▼棚からボタ餅はない！

インフレ時代とデフレ時代の決定的な違いは、「棚からボタ餅」はないということです。

インフレ時代は「行け行けドンドン」だから、棚からボタ餅があった。人脈だって、インフレ時代に勢いにのって、銀座の高級クラブや神楽坂の料亭に行けば、お女将さんやママから財界人や政治家を紹介されたりする付録があった。デフレ時代の今は厳しいから、政財界人もそんなところに行かない。だから棚からボタ餅はない。一所懸命で地道に努力したものだけが報われる時代がデフレ時代です。そういう意味ではデフレ時代の効用もあるわけです。厳しいから本物が出てくる。篩（ふるい）にかけられる時代です。

デフレの時代はいす取りゲームです。ただ漫然と一周していたらいけない。まわるときに一所懸命でいすに座ろうとしていないと、どんどん自分の席がなくなってしまう。そういう厳しい時代です。逆にいうと、今こそ木下藤吉郎のように努力するものが報われるわけです。

余談になりますが、社会現象の一つとして私はＮＨＫの大河ドラマがいつも気になります。なぜかというと、あの大河ドラマは世の中の社会現象を吸収して題材を選んでいる。けっこう世相をあらわしています。その年の世相か二〜三年先の世相か、先取りしている場合もある。まさに今年の「利家とまつ」は戦国動乱の時代です。前田利家や秀吉のような、日本の当時の社会階級でいえば下級武士が成り上がる時代を描いています。今のデフレの時代は戦国時代と同じで弱肉強食の世の中です。木下藤吉郎のように、主人が出てくるまで草鞋を懐で温めていたという人は出世するチャンス、頭角をあらわすチャンスがある。ここにデフレ時代のビッグチャンスがあるといいたい。いわゆる知恵や才覚を働かす人には大きなチャンスがある。デフレを勝ち抜くことができるのです。

実際、一九九九年にＩＴ時代というのがあって、残念ながらこれが不発でした。しかし、いづれ第二次情報革命時代があると予測しています。株でいうとＩＴ相場は終りましたが、あの時代以来現在の木下藤吉郎のような人が今日まで何人も出ている。ソフトバンクの孫正義さん、光通信の重田康光さん、楽天の三木谷浩史さん、マネックスの松本大さん、みな平成の秀吉です。彼らはもとは一介のサラリーマン、下級武士です。それが今は一国一城の主になっているわけです。わたしは必ず日本にはデジタル産業革命とでも呼ぶべき新技術革命がこれからやってくると思います。

そこでまた、第二、第三の木下藤吉郎が出る時代がくる。今はそういう人間を育んでいる時代です。猛烈な勢いで篩にかけられて、この厳しいデフレの風雨に耐えて不況の岩壁をよじ登ってくる人は、デフレ時代のあとの成功者です。これが次の日本の経済の活性化、活力につながっていくと思います。

そのように、今の人脈のつくり方は棚からボタ餅はないけれども努力すればいくらでもチャンスがある時代なのです。若い人なら政財界人を友人にするとか、ジャーナリストを友人にするといったはっきりした目標をもって日々活動をする。もっと良いことは自分自身が、政財界人やジャーナリストを目指すことです。

九州の田舎から出てきて、何としても歌手になりたい、北海道の山奥から出てきて何としても力士になりたいと思って念願かなっている人が結構いる。森進一にしても千昌夫にしても千代大海のような力士でも、みなそうなっているでしょう。やはり自分の目標意識をもつことだと思います。

ただし大事なことは、そういういい人脈をつくりたいという気持ちは大事ですが、人脈や友人を利用してやろうということが顔に出る、前面に出てくる人は成功しません。真摯な気持ちでデフレを勝ち抜くためにまた転換期に対応できる人間になるために人脈と情報網づくりを目指すことが大事なのです。

利害得失によらない、利よりも心の通い合う信頼関係を築くことをめざす、そういう人脈形成に励むべきです。これが情報通になる、人脈をつくる鉄則です。

▼目的意識があれば必ずチャンスはある

人脈をもてといった場合に、どんな人脈が大事かというと、四つの業種の人のなかに自分の友人をつくることです。まずは政財界人を友人にすることです。

どうやって政治家や財界人と親しくなるのか。ふつうの人は、いきなり人脈はできない。自分もレベルアップしないといけないからです。しかし、積極的に早い時期から政財界人に人脈をもちたいと思えばできないことはない。

それは、政治家に接触したいと思えば、政治家の支援する会があれば入ればいい。財界人に接触したいと思えば、たとえばビジネス誌を買って読めば、財界人を講師に招いている勉強会がいくらでもある。コストはかかりますが、その気があればそういう機会がいくらでもあって、毎回熱心に出ていれば出版社の方にも認められる。それで親しくなって、たとえば東京ガスの会長に会いたければ紹介してもらうチャンスはあるわけです。

ただし、そういう恩典を被るためには、少なくとも首都圏に住んでいる方が有利です。地方の人は厳しいと思いますが、今はインターネットなども利用して交流をはかることができる。

最近は政治家で自分のホームページをもっていない人はないぐらいです。財界人だってもっている人はいますから、ホームページに自分の意見を積極的に入れて働きかけるとか、接触する機会は十年前にくらべればはるかにある。自分が接触して何かを得るという目的意識さえあればチャンスはあるわけです。

つまり政界でも財界でもトップレベルの人物に知己を得ようという心構えを持つことです。目的を達成しようという意欲です。私自身が今でも心がけていることはさわやかな向上心を持ち続けることです。

4 デフレを勝ち抜くための投資のコツ

▼投資のプロになるための発想と手法

本書は株式投資家のために書いたものではありません。昨年、私は幻冬舎から『株で痛快に儲ける方法！』という本を出版していますので、株のプロになりたい方はそちらをお読み下さい。ただし、株式投資の世界は簡単には免許皆伝とはいきません。私自身もまだ一流のプロを目指して悪戦苦闘中なのです。

ですからここでは、ごく普通の人のために、株式投資のための心構えというか心理の分析ということに重点を置いて解説するつもりです。

さて、まず株式投資に限らず投資全般について、いかにプロと同じような発想と手法（テクニック）を使うことができるかについて話しましょう。

普通の人が株のプロになる、為替のプロ、つまり投資の達人（プロ）になるためにはどうしたらよいか。忙しい日々の生活のなかで、素早くプロになる方法を話しましょう。

株式投資に関して、株のプロになるための三種の神器を紹介します――

＊四季報

＊日本経済新聞

＊株式市場新聞（業界紙がいくつかあるが緑色の見出しの株式新聞がよい）

以上、三つの情報を日常的に読むこと。

〈読み方〉

日経新聞、株式新聞にでた注目企業は、必ず四季報でチェックして株価と出来高の動きを追いかける。

次にパソコンや雑誌で注目企業（通常一〇銘柄くらいにしぼる）のチャートを見て過去、現在の株価推移をチェック。時価が底値圏にあり、次第に下値を切り上げるような株に投資する。

それから分散投資することも忘れずに！

私は株式投資以外のことは詳しく知りませんが、為替でも金（ゴールド）投資でも投資のプロになるためのコツをお話します。それはどの分野にもトップクラスの人がいることです。

投資とは相場（マーケット）のプロたちの世界です。投資のプロというのは高名な学者でも官僚OBでも財界人でもありません。投資のプロというのはテレビなどにでている経済評論家のことではありません。具体的にいうと竹中平蔵経財相も榊原英資元財務官も投資のプロではありません。誰が投資のプロかを探す作業は大変ですが、そういった人たちの言動に注意し、彼らの考えを取り入れることが一番の近道です。

投資のプロといえば、野村證券や大和SMBCなど大手証券会社にいそうですが実はプロはいません。野村総研のアナリストや多くのエコノミストも投資のプロではありません。

では、いったいどんな人が投資のプロなのか。ひとりだけあげますと、ピーター・タスカのような人が本物の株のプロなのです。

だから、相場（マーケット）のプロをまねること。これが普通の人がいきなり投資のプロになる方法です。「なーんだ簡単だ」と思うかもしれませんが、本当の投資のプロを探し出すことと、プロの言動をどの程度まで理解し実行できるかという関門がありますから……。

▼資産をいかに減らさないようにするか

投資のプロになるということですが、この本は投資に関する本ではないので簡単にその鉄則だけを話します。デフレというのは資産価値がどんどん下落する。日本人の誰もが大なり小なり資産を失っているわけです。だから今の時代は資産をふやすどころか、資産をいかに減らさないかということが大事です。デフレが終わればこのスタンスは変えなければならないけれど、今はいかに資産を減らさないか、デフレの穴に落ち込まないかということが肝要です。

デフレ時代に財産を失わない鉄則は、何もわからない人は何もするなということです。キャッシュを、現金を黙ってもっている。ただし、二〇〇二年四月以降はペイオフが解禁になる。今までは現金を黙ってもっていたらよかったけれども、もともこもなくなる危険があるので、たくさんもっている人は分散預金をすること。一部は外国の銀行でトップクラスの銀行に預ける。キャッシュをもつことと、分散投資をすることがまず基本です。簡単なことですが、やっていない人が多い。

〈デフレ時代の投資方法〉の二番目は、キャッシュをもって、それを分散しておくことではきたらない人で、もうちょっと知恵があり、情報もあり、おカネもたくさんあるという人は株式投資をする。

株式投資をやる場合に心掛けることは、投資対象を絞り込むことです。時間も限られているから、あらゆる業種、たくさんの銘柄を対象にするのは間違いです。どれか得意の分野や特定の銘柄を追いかけることです。もちろん、一千万円もっている人は一千万の株投資をやるはずがない。一千万円のうち、半分の五百万円でも株に投資する。あるいは女性なら一割ぐらいの百万円でやってみる。只同然の金利に預けているよりは有利なものに投資してみようという狙いです。投資対象を絞って情報を集めてやりましょう。現金は分散投資ですけど、投資対象は分散するな、できるだけ絞って、この得意分野で勝負するということです。

たとえばＩＴならＩＴ、ハイテクならハイテクをやると決める。テクノロジーは苦手だから食品と薬品にするでもいい。内需関連は内外の景気の波に影響されないという特徴がある。このように自分のストライクゾーンで勝負するというのが株式投資の鉄則です。

また投資をやる上で何をやったらいいかという場合にいろいろな投資情報を読むわけですが、百発百中の投資情報というものはない。むしろ株情報として、雑誌などで頻度の高い銘柄はすでに高値圏にあることが多い。だから、投資する場合はあまり他人の情報をあてにしない。自分なりの投資に関するプリンシパル、原則みたいなものをもってやりましょう。

そんなに株の情報などを読まなくても、インターネット投資で主婦や女性で大成功している人がいる。そういう人は、たとえばスーパーに行って売れている商品の株を買うわけです。このように社会現象からヒントを得て投資をしたほうがいいということです。

たとえば最近、金の投資が盛んなようですが、あまり話題になっていないときに買っている人はいいですけれども、今のように金を買いに行っている人がテレビで話題になっているようなときは、要注意です。天井ではなくても、もう六合目、七合目にきている可能性がある。社会現象をみて、そういう判断をする思考方法を養いましょうというのが投資の鉄則です。

▼ツキの波を知れ

最近の若者はファミコン、パソコン世代ですが、私の学生時代はもっぱら麻雀だった。なかば本気に「麻雀学科卒」と自己紹介したこともあります。熱中すればするほど奥の深いこのゲームから教わったことは数多い。その一つが「ツキの波」です。

経験した方ならおわかりいただけると思いますが、麻雀では必ずツイているときとツカないときが交互にやってくる。潮の満ち引きと同様、ツキの波は引いては寄せ、寄せては引くの繰り返し。「人間万事塞翁が馬」という格言が「なるほど」とやけに身近に感じたものでした。

だから、ツイているときに大きく勝ち、ツイていないときはひたすら低姿勢で無理な勝負は避け、負けを少なくする。そしてツキが戻ってきたらいざ勝負！　「ツキの波」をキャッチできるかどうかが勝者と敗者の別れ道なのです。これは麻雀どころか、相場の世界でも人生でも共通の鉄則です。この鉄則を菅下流に言い直すと、こうなる。

「ツキの波（トレンド）を読め！」

相場にも人生にも国家にもある一定のツキの波（トレンド）がある。そして、このツキの波（トレンド）をきちっと見極め、それに対応した者だけが勝ち残っていけるのです。

5 デフレ時代に強いタイプはどんな人
——時間の勝負に勝つ

▼目標設定は明確に!

デフレに強いタイプにならないと、いまのような逆境をチャンスにできないし、デフレの勝者にもなれない。「デフレ時代に強いタイプ」というのはどういう人かというのは、デフレ時代というのは誰でも成功するわけではない。篩《ふるい》にかけられるわけですから、勝ち残り戦です。「いす取りゲーム」なんです。

勝ち残るためには、大事なことはいくつかあります。まずその一つは目標設定。自分がどういう仕事で成功するか、あるいは将来自分はどういう生活を送りたいか、あるいは毎日どんなことをしたいかという、いわゆる短期は日々から、長期は五年、十年先の目標設定をする。これが大事なんです。

インフレ時代だってそういうことは大事ですが、デフレの時代はさらに目標が大事です。いまの自分の現実の生活や能力に沿ったもので、あまり乖離したものでなく実現可能なものであること。自分はアメリカの大統領になるんだといっても、それでは話にならないわけです。インフレの時代は大言壮語していてもバカにされないけれども、デフレの時代は、これが大変評価が低い。ジャスト・トーキングは駄目です。小泉首相の支持率が急に下がったのは、「あの男は大言壮語じゃないか。口先だけだ！」というので支持率が急落した。これがデフレ時代の特徴です。

だから、大事なことは、実現可能な目標設定をすることです。デフレに強いタイプの人は、短期、中期、長期の目標を明確に設定することができる人です。

二つ目に、その目標を達成するために時間の管理に強くならないといけない。時間と勝負しなければならない。一日のうち、十分、一時間を大事にする人と無駄にする人では、これは一カ月後、一年後には決定的な差になる。デフレの時代は勝ち残り戦だから、時間の管理ということが非常に重要になってくる。

簡単なことからいいますと、朝起きてから夜眠るまでのだいたいの自分の時間の管理から始まる。デフレに弱いタイプは全く目標設定ができなくて、時間の管理ができない。行き当たりばったりで一日を過ごす。結局、行き当たりばったりの人生で終わってしまう。人生を一周してみるというすがなくなるタイプです。ですから、デフレを勝ち抜くための鉄則は、時間の管理をすることです。

ちなみに、私の場合は、毎日、朝五時五五分に起きて入浴し、それで心地よい気分になる。それで体調を良くして、六時一五分から六時四五分までの三〇分間は、新聞を読む。

そして、前日のニューヨークの株価や為替の動きなどを、十二チャンネルを見てチェックする。ニューヨークのナスダックが大幅高しているのに、そんなことも知らないで出勤するというのでは話にならない。

そして、六時四五分から七時までの一五分間は、学生時代から続けているのですが、毎日NHKの英会話を聞いている。その日の重要イデオムを、できれば覚えるようにする。アメリカの大学を卒業するのは大変ですが、この程度なら誰でもできるはずです。

そして七時以降はゆっくりと朝食をとる。朝、寝過ごしたり、また食べる時間がなく駅の立ち食い蕎麦を食べたりというのは時間管理ができているとはいえません。こういう人は、デフレに弱いタイプです。時間の管理をして、スケジュールを管理するというのがデフレに強いタイプの条件です。

時間の管理とは、時間と勝負しているようなものです。時間に負けてしまうと、行き当たりばったりの行動になる。

今や二十代、三十代の人にとって英会話の能力は必須条件です。なぜかといえば、「いす取りゲーム」だからです。インフレ時代は居酒屋で呑んだくれていてもよかった。そうすると、飲み仲間のデキる上司に引っ張ってもらえた。居酒屋でひっくり返っていても課長や部長にはなれた。これはインフレ時代の話です。いまは誰も引っ張ってくれない。課長も部長もデフレで篩にかけられているからです。そんな呑んだくれている後輩なんかの面倒をみている暇がない。上から下までそういう時代だから、しっかり自分の時間を把握して、自分の目標と自分のスケジュールを管理しなければいけない。これがデフレを勝ち抜くための鉄則です。

デフレに強いタイプの三番目の条件は、プロの選手として登録しているという認識が必要です。プロ意識を持つということがデフレに強いタイプです。サラリーマンといえども、プロ意識を持たなければ勝ち抜くことは難しい。今やどんな会社に入っても会社とは自分の能力を契約しているんだと考えるべきです。

能力があれば、地位と給与は上がるけれども、能力がなければ、いつでもクビになるという考え方です。そうしたら当然のことながら、普通の人なら、自分の能力を向上させようという意欲が出てくるはずです。デフレに強くなるタイプの条件として、簿記学校にでも通って能力向上を目指す。昔だったら大会社の経理部に入ったら、昼寝していても、経理部長ぐらいになれた。いまはそうはいかない。年功序列ではなく能力主義となったからです。

だからプロ意識を持つことです。とにかく「サラリーマンは気楽な稼業」というインフレ時代はとっくに終わったわけです。プロの能力を持っていると、会社のほうから「君、辞めないだろうね」と、こういうふうに言われるわけです。そうでなければ、複数年契約をと言われるでしょう。証券会社とか銀行とか生保に入った新入社員は、自分の技、能力を磨くことです。そうしたら、将来、外資系からいくらでも高額の給料で雇うという話がくる。デフレの時代は能力主義ですから、会社側はすぐ三段跳びぐらいに出世させてくれます。インフレ時代はそうはいかない。インフレ時代にはどんなに能力があっても、終身雇用、年功序列というシステムが動いていた。今はそういうものが全部打ち消され、否定されつつある時代です。だから、デフレに強いタイプはプロ意識を持つこと。プロ意識を持ってデフレを勝ち抜くというのが鉄則です。

▼人生は降りられない麻雀

デフレ大不況が続く日本経済は、麻雀にたとえると、ツキから見放されてロクな配牌（はいぱい）が来ない状況です。麻雀なら、しばらくはベタ降りしてできるだけ傷を深めないようにしようとか、ツイていないから今日はもう早いところ止めて家に帰ろうとか考えるところです。

しかし、人生は降りられない、休めない麻雀。

ツイてさえいれば、ヘボでも勝てる。しかし、ツイていないときは、ヘボでは勝てない。荒波の中、数少ないチャンスをどうつかむか。麻雀でも人生でも、衰運の波のなかにいるときこそ「必勝の論理」が必要なのです。

麻雀はその道のプロに任せるとして、デフレを勝ち抜く「必勝の論理」とは、どういうものか説明したい。

▼二日酔いでは未萌を見ない

大乱世だった中国の「春秋戦国時代」に生まれた言葉に「智者は未萌（みほう）を見る」というのがある。世の中の動きや、目前で起こった様々な出来事から将来の芽生えを察知し、社会や価値観の激変に対応できる者こそ、時代の勝者になれるという意味が込められている。「先見性」や「予知能力」という言葉に置き換えてもいいだろう。もしも将来の動きを的確に予測できれば、相場なら百戦百勝、企業ならヒット商品連発に違いない。

では、どうすれば「未萌」を見ることができるのか。

もっとも大切なことは「自己管理」だ。病にかかっている人、常に悩みのある人、体力的に疲れている人、二日酔いの人は未萌を見ない。どんな優秀な人でも、二日酔いや寝ぼけ眼で株価チャートやデータを見ていたのではヒラめくはずがない。プロ野球の選手が夜更かししてバッターボックスに立つようなものです。かつて三冠王を三度取ったスラッガー、落合博満選手が「一日十時間以上の睡眠を取るようにしている」と話していました。

つまり心と体の整備不良者に必勝のチャンスはこない。いや、たとえめぐって来たとしても、そのチャンスをみすみす見逃してしまうだろう。

自らの能力と第六感を鋭敏に研ぎ澄まそう！　そのためにはバランスのよい生活を送らなければならない。かつての軍師、参謀、聖人と言われた人は静かな山にこもってバランスのよい生活を送りながら修行し、悟りを開いた。

だが、現代は超多忙な時代だ。ＩＴ革命が進んで、昔なら一日がかりのことをわずか一時間でできるようになった。海外へもジェット機でひとっ飛び、地球が狭くなった。

そうなると、バランスのよい食事をとる、バランスのよい睡眠をとる、バランスのよい仕事をすると、口でいうのは簡単だが、われら平成の人間にとって、この「バランスのよい」というのは至難の業に近い。

知恵を絞って工夫しなければならない。しかも、一人ひとり職業も違えば、住んでいる場所も家族構成も違う。処方箋は各自で書かないといけないが、参考までに私の「デフレを勝ち抜くための必勝の一日の過ごし方」を紹介しましょう。

▼寝坊は必勝の敵

朝五時五五分に起きる。新鮮な空気を吸うと気分もいい。「孫子の兵法」のなかにも、朝の空気が一日を左右するとの言葉があるくらいで、寝坊していては必勝は期せない。「五時五五分」には意味があって、「Ｇｏ！　Ｇｏ！　Ｇｏ！」これだと、朝からファイトが出てくる。

次に、毎朝、ぬるま湯にゆっくりつかり、六時四五分から七時までの間（時間がないときは五分でも）、英語放送を聞く。長く外資系に勤めていたから英語のブラッシュアップが必要でしたが、理由はそれだけではない。

体調が悪く、たとえば前夜深酒をして頭がズキズキするといったときは、とても英語どころではない。顔を洗うのが精一杯だろう。英語を聞き取れるということは「体調がいいぞ。きょうも必勝だ！」と自己暗示をかける意味もあるのです。

新聞は産経、日経、朝日、毎日、読売、株式新聞の六紙にさっと目を通す。熟読はいけない。

熟読する時間もないが、第六感をシャープにしてさっと読んだだけでも重要な項目が頭に入る訓練を積まなくてはならない。戦場では、いろんな情報が入ってきても、それをのんびり座って読んでいる暇はない。いつ、敵のタマが飛んでくるかわからないのだから。そして、私たちも今、ビジネスという戦場にいるのです。

こうした心構えを持ってオフィスにつく人と、寝坊して朝食の時間もなくプラットホームで立ち食いうどんでも食べている人。ビジネスの戦場ではハナから勝負がついているといいたい。

▼エレベーターのなかで自己暗示

私のオフィスは九階にあります。毎朝、エレベーターに乗ってから、「きょうも一日、きちっとした仕事ができますように」「自分の前途に洋々たる未来がありますように」と祈っている。自己暗示の一つですが、これから必ず上昇運に入ると言い聞かせているのです。

さらに私を支えてくれる家族の健康を祈り、いままで応援してくれた友人や盟友に感謝し、彼らがますます繁栄されますようにと心の中でつぶやく。かれこれ二十年、こうした生活を続けている。

これが自らの運気を高め、必勝に導いてくれると私は信じている。「必敗の論理」はこれを裏返せばいい。

たとえば、親の頭をけ飛ばすような人に必勝はない。親不孝は自らも不幸にする。また先祖の墓参りに行かない、先祖の墓が汚れていてもそのままにしているという人の運気も上がらない。先祖があって、あなたが今、あるのだから。

そして寝坊や二日酔いなど自分に無規律な生活を送れば、不幸の女神がとりついてしまう。

さて、あなたはどんな生活を送っていますか。

6 デフレ後の経済と生活の変化を先読みする

▼大事なことは発想の転換

経済と生活の変化を先読みする上でいちばん大事なことは、発想の転換です。デフレ不況で明日何が起こるかわからないという時代は、変化があるということを前提に発想の転換をはかるべきです。

現在はバブル経済が崩壊してデフレ不況が延々十二年に及んでいます。過去の金融恐慌のような構造的な大不況の例からいうと、日本では明治時代に日露戦争勃発による大インフレ経済相場があって、日露戦争の大勝利が大天井。その後、十数年にわたる金融恐慌反動相場という大暴落がありました。もう一つは、第一次世界大戦後の大正デフレです。大不況が十年以上続きました。今はそれに匹敵するデフレ大不況だということです。

この一回目も二回目も、戦争が終わったあと起こったわけです。今回は戦争がないのではないかといいますが、実は大戦争があった。その戦争というのは、東西冷戦です。これが第二次世界大戦が終わってすぐに始まった。実弾が飛び交うことはなかったではないかといいますが、局地戦はあった。ベトナム戦争はソ連とアメリカの代理戦争でした。

今回は東西冷戦という大バブル期が終わったあとの大デフレ不況です。日露戦争は日本のいわゆる国運を決する大戦争で、当時は世界中が注目した。第一次世界大戦は欧州大国同士が衝突する最初の大戦争で、当時の盟主国であったイギリスが没落するきっかけになったのです。

第二次世界大戦はいわゆる枢軸国と連合国側の戦いになったけれども、それが終わることによって日本の戦前の体制が全部崩壊した。そこでも大きな転換点があったのです。

今は東西冷戦が終わったあとの大転換期です。明治からいえば四回目の大転換期です。日露戦争、第一次大戦、第二次大戦、東西冷戦と四回あった。そしてこの東西冷戦後のデフレ不況は、いわゆる金融経済が膨張した時代が終わって、逆に大収縮となった。

日本のデフレ不況が終わるときは、今のデフレの裏返し現象が起こるはずです。そういった視点で考えれば、経済と生活はどうなるかということを読むヒントがある。次はどうなるか。デフレの次は過渡期の混乱があって、多分インフレがあるはずです。これは満つれば欠くるの鉄則です。一つの方向が全部行き過ぎると、それが終わって逆の方向に矢印が出るはずです。

だから単純に考えれば、長いデフレの後はインフレです。しかし問題はいつ来るかです。デフレが大底を打つのはこの二～三年以内かもしれないけれども、リストラは続く。いわゆるデフレの終戦処理が続く。仮に大胆な過剰債務の手術をやったとします。大胆な過剰債務の手術をやれば一年か二年でデフレ不況は終わるかもしれませんが、大企業のリストラはその後も続きます。産業構想の転換が起こるわけです。そうすると大企業のリストラが全部終わるのに、あと十年ぐらいかかるかもしれません。そうなると、給料が上がってボーナスをいっぱいもらえるいい時代がくるのは十年ぐらい先ではないかと考える。そういう時間の読みが経済と生活の変化を先読みする場合のコツであり、鉄則です。

具体的にいえば、日本経済と生活の大転換が迫っているという読みからすれば、いずれ今いちばん否定されているものが次第に見直されるようになる。それは株価であり地価です。今は土地や株式の資産価値はダッチロールしている。しかし、インフレ時代に永遠に上がり続ける地価も株価もないように、永遠に下がり続ける株価はないわけです。どこかで底を打つ。それが今年の二月の二番底で終りか、もう一発大底があるか。それは冒頭に条件を話しましたが、どちらにしても今否定されているものが見直されるという発想が大事です。日本経済とわれわれの生活が大きく変化するためには、市場の暴落が起こるか、政策転換が大胆に起こるか、いずれかです。

そして株価が上昇し始めると、六大都市圏の地価も下げ止まる。銀行の不良債権が大胆にカットされれば、銀行の資産売却もなくなる。大口の債務者がいなくなれば、資産を売る人がいなくなる。そこではじめて資産デフレがとまる。資産と名のつくものが、全部見直される時代がやってくる。いったい何から先に見直されるか。株なのか、土地なのか、マンションなのか、絵画なのか、紙屑同然になったゴルフの会員権なのか。デフレがいつ終わるのか、終わればどんな世の中になるのかそれを知るためには、最初に述べた自分の視点で情報の取捨選択をし、有力な人脈を築き上げていくことです。

それはまた、デフレを勝ち抜くための鉄則です。デフレが終わればそれこそ百年に一度、五十年に一度のビッグチャンスがやってくる。投資のチャンス、経済や生活が好転するチャンスがやってくるはずです。

それが今か、来年か、五年後かという時間の読みの勝負になります。というのは、最悪のケースは市場が大暴落して危機管理内閣が発生するようなことになれば、金融恐慌も起りうる。あるいはＩＭＦ（国際通貨基金）管理国となる。そうすれば、あと五年ぐらいはデフレは終わらないかもしれない。しかし、そこまで日本のリーダーも愚かではないと思うので、デフレが終わる時期は近づいているのではないかと予測されます。

どちらにしても経済敗戦のツケは重く、長期的には大円安になると考えられるので、自分の資産の一部はドルかスイスフランにかえておけばいい。それでお金持ちは別荘をハワイかバリ島にでも持って、一年の半分は向こうで暮らしたらいいということになる。あるいは、ひたすらデフレの風雪が過ぎ去るまで待たざるをえない。しかしその間社会不安が台頭すると思います。治安がすごく悪くなり社会環境は劣悪になるということで、警察は忙しくなる。

最悪のケースは第三のシナリオで、「平成・応仁の乱」になる可能性もゼロではない。

▼一九八九年が時代の転換点

かつての青春ドラマのようにガムシャラに突っ走るだけでは、デフレ時代を勝ち抜くことは難しい。人生の羅針盤を持たなくてはいけない。そのためには、時代がどういう方向へ動いているのかを知る必要がある。

おそらく見落としている人が多いと思いますが、一九八九年（平成元年）は歴史年表に赤字、太字のゴチック体で書き込まねばならない年でした。なにしろ、この年を境に時代が変わったのですから。

時代が変わる際には必ずそれを象徴する出来事が起こる。転換点は極めて鮮明なのです。では、世界では何があったか。「第三次世界大戦」が終わったのです。

えっ？　戦争？　何、バカなことを言うのかと怪訝に思う読者もいるだろう。半世紀以上も前に終わった第二次世界大戦の後、世界は米ソの超二大国の微妙なパワー・バランスの上で破滅的な戦火が回避されてきました。まして日本は平和ボケするほどの繁栄を謳歌してきたではないか、と。だが、その常識が間違っていたのです。戦後、半世紀続いた東西冷戦。これこそが第三次世界大戦だったのです。

▼第三次世界大戦があった⁉

ここからしばらくは現代世界史のお勉強ですが、ちょっと我慢して付き合って下さい。

一九四五年二月のヤルタ会談。米国大統領ルーズベルト、英国首相チャーチル、ソ連元帥スターリンの世界の三巨頭が黒海のほとりにあるクリミア半島南端の避暑地ヤルタでのリバディア宮殿で八日間にわたって会合し、その結果、世界は米国とソ連の二大陣営に分かれる構図が作成されました。ソ連は鉄のカーテンを敷き、米国はココム（対共産圏輸出統制委員会）やＮＡＴＯ（北大西洋条約機構）、日米安保条約などでソ連封じ込め作戦を展開し、両陣営のにらみ合いが続いたのです。

その間、朝鮮動乱やキューバ危機、ベトナム戦争など、米ソが一触即発の危機は幾度か訪れたものの、武力による全面戦争には発展しなかった。しかし、その裏で米ソは「経済」で死闘を繰り広げていた。第一次、第二次のホットウォーと違い、コールドウォーという形で。

核兵器を常時保有する、あるいは世界最高水準の軍事力を保有するためには巨大な経済力が必要でした。世界の覇権を賭けて、この軍拡路線と経済の全面戦争に米ソ両陣営は血道をあげてきた。一九七九年十二月、ソ連がアフガニスタンに侵攻し、「ついに米ソ全面核戦争か」と世界の緊張は一気に高まった。ちょうどこのころが米ソの軍事力がもっとも均衡していた時代ではなかったでしょうか。

軍拡のペースを少しでも落としたら相手に負ける、軍縮のかけ声に惑わされるな……。そんな恐怖心と猜疑心が軍拡の歯車を際限なく高速回転させ、結果的には国力をすり減らすだけの不毛な戦いが延々と続いたのです。

八〇年代に登場したレーガン米国大統領の政策がこうした状況をよく映し出しています。小さな政府で出費を抑える、規制緩和も実施する。その一方で、軍事費だけは大幅に拡大した。ソ連に対する最後の戦いなんだと訴えました。

戦争は過剰生産とインフレを加速させる。なにしろ国が滅ぶかどうかの瀬戸際です。戦争に勝ち抜こうと死に物狂いで武器やモノの生産に奔走した。この間の経済状況をみると、一九八〇年一月、金価格は先物市場で一オンス千ドルをつけた。当時の熱狂ぶりがわかるというものです。マネーも過剰に生産され、国際金融の拠点・ウォール街もレーガン大統領の「金融革命」「規制緩和」を錦の御旗にしたジャンクボンドやデリバティブ、ＬＢＯが氾濫しました。しかし、その後、それらの大半が回収不能の紙屑同然となりました。

▼一九八九年十二月、ソ連が無条件降伏

この風船のように膨らんだバブルマネーは、八七年にブラックマンデー（日本は二年後に株暴落）という形ではじけた。その果てに何が起きたのか。

それはソ連邦の崩壊でした。ソ連は八〇年代後半に経済的に行き詰まった。もはや軍拡・経済戦争（第三次世界大戦）を続けられないと判断したのが、「ペレストロイカ」の旗印を掲げて登場したゴルバチョフ議長でした。

八九年十二月二、三の両日、ゴルビーとブッシュの米ソ首脳会談が地中海・マルタ島で行われた。テレビ、新聞などの報道でこれを見たとき、私はここで世界が転換すると直感しました。第

二次世界大戦後のヤルタ会談で決まった東西両陣営の枠組みや世界秩序が白紙に戻ると予測した。

この会談こそ、経済の壊滅に見舞われたソ連が無条件降伏した歴史的瞬間だったのだ。四十年以上に及んだ第三次世界大戦はこの日、終結したのです。

▼日本がバブル戦争に参加した

日本はどうだったか。米ソ経済戦争のなか、ぬくぬくと一人、平和主義を守っていたのでしょうか。いや、むしろ積極的に参戦していたと見るべきでしょう。もちろん軍事面ではなく、経済面で協力したのです。十億ドルを拠出した湾岸戦争も含めて。

戦勝国側の一員として日本は「バブルの戦士たち」を世界に送り出しました。国内もヒトとマネーが乱舞した。その結果、日本の内外に異常な経済変化が起き、地価、株価が暴騰し、企業の収益がうなぎ上りに上がった。そして黄金の国ジパングが誕生したのです。だが、ひとたび戦争が終結したら、おびただしいほどのバブルの戦死者が出ました。株、土地暴落の悲劇に見舞われた人が、そうした戦死者です。いまだ、この終戦処理に追われているのが実状です。

為替は一ドル二四〇円（一九八七年）だったのが、一時、三分の一の八〇円になった。海外不動産や米国の国債に投資した企業や資産家は多いが、為替だけで財産が三分の一になった。株も八九年末の三万八九一五円から一時、三分の一になり、今日も底ばいを続けている。地価も下げ止まらない。戦争でも起きないと、資産が四分の一とか五分の一とかにはならない。この現象だけを見ても、第三次世界大戦があったと認識できるはずです。

▼ロシアは消滅する

現代は東西冷戦後の混乱期です。いい換えれば、「動乱の時代」です。

戦勝国の米国でさえ、戦争に爪痕に苦しんできた。第一次、第二次大戦後の大英帝国を見るまでもなく、戦争の主力国となった国は、必ず経済的に没落するのが歴史の教訓でした。一九九〇年代初め、米国は財政赤字、貿易赤字が悪化、大幅なドル安も景気回復の足を引っ張り、一九八五年には純債務国に転落していました。衛星国のメキシコ、ブラジルをはじめとする中南米諸国の赤字も懸念材料でした。だが、民主党のクリントン政権の誕生以来、財政改革とＩＴ革命に成功し、米国の繁栄を取り戻した。

一方の敗戦国ソ連。すでにソ連邦は崩壊し、元のロシアに戻ったが、庶民の生活は窮乏にあえいでいます。共産主義社会の繁栄は、幻想にすぎなかった。

ロシア再生の道のりは遠い。むしろロシアは消滅するというリスクが高まっている。ものごとには必ず出発点と終着点があります。繰り返しになるが、今回の第三次世界大戦はヤルタ体制に始まり、マルタ会談で終わった。ヤルタ体制で培われたものは全部ご破算になるのではないか。

▼負の遺産の流出

こうした世界の激変を契機にして、ここ数年、何が起きていたのでしょうか。

第一に、共産圏の崩壊に伴う安い労働力の供給。それが世界的な価格破壊デフレ不況につながった。八〇年代にピークだったストックインフレと信用膨張時代が天井を打って、まったく一八〇度違う供給過剰時代に入った。供給過剰というのはデフレのことです。世界的には、このデフレ経済が十年や二十年続くとみている。そしてインフレ時代に起こったことは全部逆になる。つまりインフレ要因で上がったものは物価であれ、土地であれ、株であれ、みな下がったのです。

第二に、東側の「負の遺産」が流出した。わかりやすくいうと、借金のことです。ロシアをはじめとする東側の借金は全部、西側のツケになる。なぜか？　返せないからです。国際金融市場で東側が調達した資金や西側が援助した資金はもう返ってこないと考えた方がいい。

「負の遺産」にはもう一つある。核の流出です。これによって、核兵器が世界中に分散し、核保有国は徐々に増えていくでしょう。

流れる難民、流れる負債、流れる核……。八九年の転換点以降に起きたデフレと動乱の時代を招いた三要素がこれだったのです。

▼天皇崩御の年

世界の転換点となった八九年（平成元年）に、日本では昭和天皇が崩御しました。

天皇崩御は半世紀や一世紀に一度しかありません。古来、天皇崩御の年には「政変」が起きやすい。

振り返ってみると、この年の夏の参院選で、社会党（社民党）が大勝し、「やるっきゃない」の土井たか子委員長が「山が動いた」といった。偶然か必然か、内外の大きな異変が同時に起きました。

世界史と日本史の転換点が一致したのです。世界と日本が同じリズムで動いているということなのです。もしかすると、二十一世紀は「日本の世紀」になるのではなかろうか。

ただ、間違わないで下さい。「日本の世紀がやってくる」というと、なんだか平和で楽な時代がやってくると思うかもしれませんが、実際はまるで逆です。個人の人生で考えてみてほしい。人がもっとも成長するのは、楽に生きているときではない。次々と試練にぶつかり、それを乗り越えたときです。いい換えれば、試練こそ成長のこやしなのです。

だから、日本国民にとっては昭和元禄のように浮かれてはいられない、辛く大変な時代が待ち受けている。日本人はこのデフレ不況、構造改革という試練を果して乗りこえることができるだろうか。

7 デフレを理解するために外国人を親友にする

▼真のグローバルスタンダードとは？

　これからの日本は金融鎖国、経済鎖国が終わってグローバルスタンダードという開国の時代に入るわけです。日本は戦争が終わってから開かれた国際社会の一員ではないかといいますが、金融に関しては鎖国だった。製造業などは国際化されているけれども、金融などサービス分野は完全に立ち遅れている。金融開国の時代に入ると、流行語にもなっているグローバルスタンダードということを理解しないと、デフレ時代に勝ち抜くことはできない。それを理解しなければ、旧石器時代の人類みたいになってしまう。

　グローバルスタンダードとはいったい何かというと、いろいろな書物や雑誌などを読んでも日本人は本当の意味でのグローバル（国際人）にはなれない。学者や官僚がここ十数年、日本は国際化しなければならないといいながら何も国際化していない。そうするとわれわれ一般の人がほんとにグローバルスタンダードになるためには、外国人の視点をもつことだと思います。そのためには、外国人の一人や二人は親友に持つことが大事です。仕事関係で外国人と接点を持っている人はいろいろいると思います。しかし、外国人からは、日本人の商社マンや銀行マンは「異邦人だ、理解不可能な人種だ」と思われているだけです。

日本の官僚も政治家も、大多数は向こうへ行けば理解されていない。その昔、ユダヤ人に出国ビザをたくさん発給して感謝された杉原千畝という人がいますが、日本人全員が杉原千畝にならないといけない。杉原という人はグローバルな良心、視点をもっていた。当時の日本人の常識、視点から見れば、あの人の行為は正当化されない。日本の外務省からビザを発給するなといわれた。ドイツは枢軸国で日本の盟友だから、ドイツに追われたユダヤ人に出国許可など出すなといわれた。彼はそれを拒否して約六千人の出国許可を出して、後世に名を残している。そして今も、ユダヤ人の子孫から感謝されている。これが本当のグローバルの意味です。

おそらく杉原千畝という人は、多くの外国人の友人をもち、真の国際人としての良識をもっていたのだと思います。そういう良識をもっている日本人といえば、指揮者の小沢征爾さんや女優の黒柳徹子さんなどが良い例ではないでしょうか。

日本人の文化や言語が固有なものだから、どうしても排他的になる。多くの日本人はいまだに海外旅行に行ってもパック旅行になる。日本人にとってはいい形式だけれども、旅行代理店の人が旗をもってローマやロンドンを案内するわけで、これでは何回海外に行っても日本人には外国人の友人ができない。これは日本人にとってはいいシステムです。自分たちの言葉だけですむし、リスクもほとんどない。言葉の通じないところに行ったら不良外人にやられるとか、リスクはあります。

日本の商社マンも銀行マンもニューヨーク、ロンドンにたくさん行っていますが、みな日本人社会で交友している。ロンドンに行ったってニューヨークに行ったって、日本料理を食べて、カラオケを日本語で歌っているという民族です。これは日本が経済鎖国時代のときには通用したけれども、グローバルスタンダードの時代には通用しない。日本人一人ひとりが外国人の友人を持つ。仕事の延長上に外国人がいなければ趣味の世界でも、ボランティアでも何でもいい。欧米人の文化や生活を理解する努力が必要です。

外国人を一人でも二人でも友人にもつ。そうすれば、デフレを勝ち抜くための鉄則である真の国際化が見えてくる。

▼具体的な方法

具体例として、私の場合も二十八歳ぐらいまで大和證券にいて、有能な先輩・上司に恵まれ、大和證券ではトップセールスを実現しました。

しかし、グローバルな視点はゼロでした。そのとき私は、大阪の地方支店にいましたし、短期間ですが東京本社にもいましたが、今から思うとグローバルな視点はなかった。外国人はどんな気持ちで、外国文化はどんなものかを理解していなかった。

ところが、ひとたびメリルリンチというアメリカの証券会社に入るとアメリカ人の上司がいて、ニューヨーク本社に行ったら目から鱗が落ちた。「アメリカ人て、こんなやつなんだ」ということが比較的若いときにわかったわけです。

だから、ほんとの国際情報を得るためには、新聞や雑誌を読むことも大切ですが、外国人を親友にして彼らの考えを聞くことも大切だ、ということを実感したわけです。私は国際金融の専門家ですから、現在もトップクラスの経済金融情報を求めています。

それゆえ、金融界のトップクラスの外国人の友人が何人かいます。私は職業上有利な立場にいますが、一般の人もそれぞれのレベルで外国人の友人をつくれるはずです。ボランティアをしている人、学生、一般のサラリーマンなど、誰でもできるはずです。

私の専門分野である国際金融の世界では、外国人の情報は貴重です。たとえば、Aという外国人の情報を紹介します。彼は世界的な金融コンサルティングをやっていて、たまに日本にくるので一緒に食事をして話を聞きます。先日会ったときは、今の日本人に欠けていることとして彼は三つあげました。

日本人がほんとの意味で国際人になるには、まず第一に、当たり前のことだけど「Think globally」、国際的にものごとを考えろと。第二に、「Learn English and Understanding western culture」、少しでも英語を学び、そして欧米の文化を理解しなさいといっているわけです。

そして三番目には、「Don't be afraid of taking risk and making action」といった。この三番目がとくに重要だと思いますが、リスクをとること、失敗をおそれるな、そして思ったことを実行しろ、行動に移せ、これが国際人の条件だと教えてくれました。何もリスクをとらない、行動力がないという人は、国際人として認めないというわけです。

そういうことからすると、第一にグローバルにものごとを考えるためには、やはり国際交流がないと実行できません。外国人の友人をつくるためには、どうしても英語の勉強をしないとだめだということになります。英語はすでに世界共通語になっています。何も英語のできる人をとくに尊敬する必要はない。日本人が「ツール（道具）」としての英語ができればよいだけです。そういう教育もやらないといけない。

四十代や五十代の男性は、今から英会話を習うのは大変だと思う。しかし、ツールと割り切って毎日ＮＨＫの英会話でも聞く努力をする。そうすれば、少しはできます。あるいはアメリカ大使館でもアメリカンクラブでもどこにでも頼んで、英語の勉強をしたいんだといったら、誰か紹介してくれる。四十代、五十代の人は所得が高いから、一回、二〜三万円でも払ったら、金髪のきれいな女性が週一回食事をしてくれる。その食事中に英字新聞の話をしましょうということで一年やったら、一発でうまくなります。そういう努力をするしかないかですが、まさに「言うは易《やす》し行いは難《かた》し」です。若い人は英語学校に通うとか、ＩＴ教育がある。

そういうことを個人のレベルでも努力すべきだと思いますが、国策としてもやるべきだと思う。たとえば英語の勉強をしたという費用、月の十万円や二十万円は控除にするようにしたらいい。あるいは小学生、中学生、高校生、大学生のレベルで留学希望者には選抜試験をして費用の半分をもつとか、大学生は毎年十万人アメリカに送る、中学生、高校生は百万人送るとかすればいい。明治の初期に洋行帰りというのがはやりましたけれども、毎年送り込む。

そうするとアメリカのどの州に行っても日本の大学生、高校生、中学生がいる。英語の勉強と同時に欧米文化に接することができる。洋行帰りの人がふえると島国根性がなくなるというわけです。

たとえばアメリカ人のフロンティアスピリット、西部開拓魂やヨーロッパの伝統的文化を学ぶ。あるいはアジアの同胞のいろいろないいところを吸収する。欧米だけではなくてアジアでもよい。インド留学、中国留学、韓国留学、台湾留学と、希望のあるところに行かせたらいい。

そういうことによって日本国自体が国際化する。これによってものすごい刺激が国家的に起こる。明治の洋行帰りの人たちには、そういう刺激があった。津田塾をつくった津田梅子などがそうでしょう。ああいうことを今、大規模にやるべきです。今だったら、行くという人はいっぱいいると思います。

そういうことをやって、外国文化を知り、外国人を友人にすることが、デフレを勝ち抜くための鉄則です。日本人がコスモポリタンになって外国人の視点でものごとを考えれば、デフレ不況の対策は自ずからわかってくるはずです。島国根性で考えているからわからないのです。

銀行を潰してはいけない、ダイエーを潰したら失業者がいっぱい出る、責任をとらされる、不良債権の山が出てくれば銀行責任、財務省、金融庁の責任も出てくるというので、問題をすべて先送りにする。不良債権のほんとのところ、根っこのところを隠す。不良債権を封印し、問題を先送りにしてきたという体質を早く改善しないと、ほんとの意味での開国は行われないし、デフレ不況も終わらない。

▼契約書のいらない友人

まず最低限意思疎通が可能な程度の英会話能力を身につける。

一般的にいわれていることですが、中学生程度の英語力をきっちり身につけていれば会話には困らない。そのうえで自分の仕事上の周辺にいる外国人に積極的に接近し、外国人も一人でも多くの日本の友人をもちたいはずだから、自分に何らかの魅力があれば相手も応じてくれるはずです。

その場合大事なことは、若くても中高年でもライフスタイルが重要です。どんな人生観を持っているか、どのような生き方を目指そうとしているのか。折に触れそういった自分のライフスタイルをメッセージとして伝えることができればいいのです。私の場合は、仕事が金融コンサルティングですから国際的なネットワークが必要です。しかし外国人を親友にするためには日本人と同様、仕事を離れて付き合える信頼関係をつくることが決め手となります。

そのためには、相手の立場や考え方を充分理解して話し合えること。これは言葉の問題よりもマインド、心の問題です。つたない英語で話したとしても心が通じ合えれば同性間であろうと異性間であろうとよき友人になれます。

私の友人でやはりニューヨークのウォール街にある投資銀行出身のアメリカ人がいますが、彼がよく私にいう言葉は「本当の友人には契約書はいらない」ということです。

欧米社会ではなにごとも契約書（アグリーメント）をかわすのが常識です。しかし、本当の友人は口約束で充分だというわけです。

こういった信頼関係を築くためには、日頃から自分の言動に責任を持たなければなりません。つまり「いったことは実行する！」「できないことは約束しない」「イエス、ノーをはっきりいう」

えてして日本人は、態度を曖昧にしがちな習慣がありますが、これは外国人には受け入れられません。東京や首都圏もしくは大都市で生活し、仕事をしている人なら、今や外国人と接する機会はいくらでもあります。外国人の友人を一人くらいもって外から日本を見てみる、考えてみる。そうすれば日本人の常識が国際的には非常識だということが、いくらでもあることに気が付くでしょう。

先の見えない危ないデフレ時代には、人と違った視点を持つことが勝敗の分かれ目となります。

8 デフレ不況という逆境をチャンスにする

▼量より質

デフレとは何か。これはインフレの反対ということです。ところで、インフレとは何か。これは「行け行けどんどん」の時代です。大量生産、大量消費、大きいことはいいことだ、こういう時代がかつてあった。

これが終わり、デフレはインフレの反対ですから、いわゆる量より質、こういう時代だと思います。しかし、このデフレがなぜ多くの人たちに逆境になっていくかというと、質を問われる時代だからです。だから、量を問われる時代に慣れた人にとって質を問われるということは、別の能力を要求されるわけです。それゆえ、考え方を改めて、量を捨てて質をとるという考え方をすれば、デフレというのは逆境ではなくてチャンスになるのです。

ですから、経済活動でいきますと、同じようなものをできるだけたくさん作って売るという発想よりは、いろいろな個別の好みや趣味に応じた多種多様の、ニーズに合った商品を開発して売る、そういうビジネス・センスが要求される。一般の生活においても、インフレ時代は、隣りの人がピアノを買ったから自分もピアノを買う、隣りの人がトヨタの新車を買ったから自分も買う、こういうことだった。

しかし、いまの時代は隣りがピアノをやるなら、自分はバイオリンをやる。隣りがトヨタなら、自分はGMに乗る、いわゆる人と違った視点、人と違った資質、これを量の時代はそれほど追求されなかった。そういうことを心がければ、逆境がチャンスになるのです。

ということは、一九八〇年ぐらいまで続いたインフレ時代の成功体験というものを全部捨てないと、新しい時代に生まれ変われないということも大きなポイントです。今、デフレ不況のなかで苦しんでいる人、たとえば大会社をリストラされて、次の仕事がみつからないというような人は、インフレ時代の発想のなかにまだいるのです。だから、インフレ時代の自分の成功体験、インフレ時代の常識を一度全部捨てて、そして改めて考えてみる。そうするといろいろ新しいチャンスが出てくるはずです。

具体的な例でいえば、日立や東芝や新日鉄の大会社の部長を辞めて、同じような大会社の部長になろう。こういう発想は全く間違っているわけなんです。そんなの、あるはずがない。そうすると、仕方ないので、中小企業や零細企業の部長でもいいだろう、給料は半分でいいと、こういう発想で終わっている人が案外多いと思います。それはインフレ時代の延長線上にいるだけなんです。

▼日本は国運が衰運期

国家にもトレンドがあるということを話しましょう。一日の生活リズムをチャートに描いてみたら台形になった。朝早く起きたときが一番元気で上昇に向かい、昼ご飯を食べた頃に眠たくなって横這い、帰る頃は疲れて下降する。

世の中のリズムは万物、すべてがこうなのではないか。成長の時期があって休む時期があって、そこから下降する。下降期はどこかで止まって小休止し、まもなく上昇へ。その上昇も行き過ぎると、エネルギーが出尽くして横這いになり、やがて引力の法則のように力が尽きて下へ向かう。

国家のトレンドもこれと同じです。

国家の一生は個人の一生の集積です。政治や経済や文化、はたまた事件や戦争を引き起こすのは人間です。そして、その人間の思考パターンは古代人から現代人に至るまで基本的には変わっていない。たとえ、どんなに科学技術が進歩しても、欲望や恐怖、大自然への畏れなどは同じ方程式になっているのではないでしょうか。人の運勢に好不調の波があるなら、それがまとまった国家という集合体にも大きな波が生まれるはずです。

秦の始皇帝のような絶対権力者がいたとしよう。彼が君臨している間は、世の中は平穏に治まる。厳しい律令国家となろう。だが、このカリスマが亡くなると、目を覆うばかりの混乱がやってくる。絶対権力者のもとではナンバー2が育っていないからです。後継者候補はみなドングリの背比べです。やがて勝ち抜き戦のなかから頭角を現す者が出てくるまで十年か二十年か、ひどい場合は百年も待たなければならない。

自民党による一党支配が続いている頃は混乱は少なかった。とりわけ、池田勇人、佐藤栄作という指導力のある首相が頭に乗っかっている場合は安泰でした。ところが、今や自民党一党支配が瓦解し、連立の時代へ。それと呼応するかのように、国民的人気プラス実力のある指導者が出てこない。

さて、日本の近現代史はどんなトレンドを刻んできたのか、振り返ってみたい。明治維新（一八六八年）を起点に考えると、ここから上昇期が始まった。国運がピークに達したのは日露戦争でロシアのバルチック艦隊を破った日本海海戦のとき（一九〇五年）です。

その後、日本は繁栄しているように見えましたが、実際は破滅へのけもの道を歩んでいた。軍部、官僚が跋扈し、「日本は神州不滅の国家だ。一度も負けたことがない」とおごり高ぶり、勝算なき欧米との大戦に入っていく。まさしく下降期の典型でした。

昭和二十年（一九四五年）、ミズーリー号上での屈辱の無条件降伏で国運は大底に沈んだ。だが、そこから戦後の荒廃期を経て一転、上昇カーブを描き出す。驚異的な高度成長を遂げ、経済大国にのし上がっていったのは国運の上昇期という追い風を受けたためでしょう。

これらからわかるように、上り、下り各三十年、横這い十年のリズムがある。このリズムを当てはめると、戦後の上昇期は昭和三十年代後半の池田内閣の所得倍増、昭和四十年代後半の田中角栄首相の列島改造ブームを経て、元禄花見酒景気に浮かれていた最中の昭和六十年前後に天井を打っていたことになる。それからは横這いの時期で、バブル景気や経済大国相場はおまけみたいなものでした。ただし、世間は「まだ上昇が続いている」との幻想に覆われていた。

株で考えるとわかりやすいが、平成元年末に三万八九一五円の最高値をつけ、あすにも暴落する寸前でした。だが、証券マンたちも投資家もワイワイガヤガヤ、「四万円、いや五万円になるぞ」と大騒ぎしていました。だれかがあそこが頂上だったといったときには、すべり台から滑り落ちるように株価も景気も三〇度、四五度という急角度で下がっていった。

私の大局観でいくと、すでに日本の国運は数年前からダウントレンドに向かった。今後、黄金の国ジパングという幻想のなか、急坂を転がり落ちるように沈んでいくだろう。

▼算命学は未来の道しるべ

国家の盛衰を考える際、「算命学」の教えを参考にしています。

算命学とは、中国四千年の歴史から一種の人間統計学として確立されてきたもので、未来への道しるべといっていい。私は十五年ほど前、高尾義政さん（故人）の書いた算命学の解説書『悠久の軍略』（菜根出版）に出会い、生前にはご本人に直接、ご教示いただいたうえで、この一冊をすり切れるほど読み返してきた。ごく簡単ながら算命学のエッセンスをご紹介しよう。

まず算命学では、一世紀を半世紀を二つ足したものとして考えている。当たり前ではないかといわれそうですが、「陽の半世紀」と「陰の半世紀」の二つがあると考えているのです。世の中の動きには必ず陽と陰がある。満ち潮と引き潮、昼と夜、男と女……。陰の時代に陰の流れと逆らうようなことをやると、うまくいかない。陽の時代なら、陽の特徴をとらえて動かないと成功しない。

そして半世紀五十年で国の運勢は一周するというのが算命学の国家観、歴史観です。その五十年も十年ごとの五つのサイクルに分かれている。その十年サイクルによると、国家の出発点は憲法施行の年であり、最初の十年を「動乱期」と呼ぶ。昭和、平成の時代に生きている私たちにとっては昭和二十二年五月がスタート地点になる。広島、長崎に原爆が投下され、焦土のなかから立ち上がるが、ヤミ市、ヤミ物資があふれ、無政府状態がしばらく続いた。まさしく「動乱」の二文字がふさわしい。

やがて一定の秩序ができあがってくる。そのもとになるのが「教育」です。幼稚園から小・中・高、大学。さらに優秀な人は大学院へ進学する。

第二のサイクル「教育期」を経て、国家が秩序を回復すると、徐々に文化や科学、技術で優秀な人材が育ってくる。国家はすっかり落ち着きを取り戻す。これが第三のサイクル「平和期」です。

平和な時代には文化が栄え、経済を謳歌する。江戸時代でたとえるなら、庶民の中から紀伊国屋文左衛門のような、とんでもない大金持ちや文化人が現れる。これが第四のサイクル「庶民台頭期」です。

最後は第五のサイクル「権力期」で幕を閉じる。庶民の時代に、あまり社会の晴れ舞台に登場せず、庶民の華やかさから取り残されていた官僚が主役にのさばってくる。庶民の行き過ぎを規制することによって存在感を増す。しかし、やがて暴走する。

動乱→教育→平和→庶民→権力の五十年で半世紀が終わる。これに当てはめると、現在は五十年サイクルが終わり、再び新しい「動乱期」に入っていることになる。

現在の経済状況は第一次世界大戦後の大正末期から昭和初期によく似ている。第一次世界大戦のさなかに、空前の特需ブームが起き、三井物産の内田某という人が独立して船会社を興すと、あっという間に船成金となった。バブルもビックリのこうしたエピソードが残されている。しかも、この人が神戸の須磨に建てた迎賓館は敷地内に十八ホールのゴルフ場がすっぽり収まるほどの豪華さだったという。日本橋の土地が六倍になり、株も四、五倍に暴騰した。船成金に株成金、土地成金……。「成金」という言葉もこの時代に生まれたという。

ところが、終戦と同時に収縮経済、デフレ不況に見舞われた。株や地価が暴落し、銀行は不良債権の山に悲鳴をあげた。そんな経済危機に追い打ちをかけるように、国民に災禍をもたらしたのが関東大震災でした。

もうお気づきだろう。経済戦争という第三次世界大戦の終結とともに株価が天井を打って暴落し、阪神・淡路大震災に襲われたところも、当時とそっくりのリズムなのです。

昭和初期はその後、ニューヨークの大暴落（昭和四年）を引き金に世界恐慌が発生し、それが日本にも飛び火した。渡辺銀行倒産が契機となって金融恐慌（五年）が起き、取り付け騒ぎで社会的にパニックとなった。

現在のデフレ不況がこれ以上悪化して、近未来に金融恐慌が起るようなことになれば、まさに「歴史は繰り返す」ということになる。とにかく歴史を知って明日の世の中を先き読みすることがデフレを勝ち抜く鉄則です。

▼低いボルテージ

いつまでもデフレを終らせることができない日本は、今没落（ダウントレンド）の道を歩んでいるのだろうか。

日本が本当にダウントレンドに向かっているのかどうか、個別の現象や材料からも検証してみたい。国家には①政治②経済③社会・文化という三つの局面がある。それぞれ今、どんな状況だろうか。上昇の矢印か（↗）下降の矢印（↘）か。

まずは政治のトレンド。世の中が安定していてリーダーシップ、座標軸、権力がはっきりしているときは上昇。逆に世の中が不安定で朝令暮改、無責任、リーダーシップがないときは下降である。

さて、今の小泉首相のリーダーシップに対する評価はどうであろうか。

二番目の経済はどうか。経済には次の三つのリズムがある。停滞→成長→投機。上昇期のあとに必ず停滞期に直面するが、企業の経営努力や技術革新によって克服し、再び成長期に入る。その成長期が行き過ぎると、投機的な成長になる、という順番です。

日本経済も戦後始まって以来の大成長があり、最後に八〇年代末に大投機相場を迎え、終わった。株と同じで上がったものは下がるしかない。景気も停滞→大成長→大投機の後の下降、停滞の局面の真っ最中です。上昇期に入るにはまだ年月がかかり、デフレ不況はいましばらく続くだろう。右肩上がりの高度成長時代の再現を期待しても、もはや無理なのだ。経済の線も下降しています。

最後の社会・文化はどうか。

実は三つの矢印のうち、もっとも下を向いているのがこれです。バブル崩壊でもっとも被害を受けたのは誰かといえば、都市部に住む中産階級の人たちでした。都市部を中心に一流企業の部長さん、課長さんたちが高度成長時代に培った地位と経済力でバブルを買い漁った。その結果、日本経済を支えてきた企業戦士の多くが、バカ高いマンションや株のスッ高値を抱えて右往左往してきた。

戦後の約半世紀は日本は米国の安全保障のカサの下、あらゆる製品を輸出した。幸運なことに、世界経済も貿易も平和も秩序も保たれ、自由貿易活動に何の障害も起こらなかった。最高の漁夫の利を占めたのです。

しかしながら、日本でもバブルの戦死者が出た。現実に核ミサイルは飛び交わなかったが、マネーという名のミサイルが飛び交い、日本列島はバブルミサイルに被弾した。バブルミサイルが撃ち込まれたのは東京、大阪、名古屋などの大都市でした。

この影響で、日本の社会・文化を支える都市部の人たちのモラルは極端に下がってしまった。給料以上に金利の支払いに追われたりしているようでは、自暴自棄になってしまうのも無理はないだろう。

「恒産なくして恒心なし」との格言があります。リーズナブルな資産があってこそ理性や正義の心が持てるとの意味です。

逆にいえば、財産もないのに、正義の心なんか持てるわけがない。財産をなくし、家庭を失い、それなりに高度な教育を受けた人たちが精神を破壊された。しかも広島、長崎以上に深刻なのは、バブルミサイルで心は廃墟となったが、肉体は健康なままうごめいていることです。

いくらでも企業犯罪、金融犯罪と結びついてしまう。実際、ここ数年、銀行、商社など日本を代表する企業を舞台にした犯罪が多発している。

国民のボルテージにもふれておきたい。

ダウントレンドに入ると、国民のボルテージが低くなるのが特徴です。戦後、高度成長を続けるなかで、安保闘争といった激しい学生運動があった。決していいことだったとはいいませんが、日本という国のボルテージがいかに高かったかという証明にはなろう。

「ボルテージが下がる」とは一言でいうと、明日への夢を持てないことです。明日への夢を持っていると、ボルテージは高くなる。最近は新聞、雑誌を読んでも「先の見えない」との言葉が頻繁に出てくる。みんながそうした漠とした不安を抱いているのです。

中国の古い本に非常におもしろいことが出ていました。世の中が乱れ、国が衰退する兆しを、紀元前三世紀の中国の思想家、荀子が次のように指摘しています。

①ソノ服は組（派手でぜいたくな暮らし）

②ソノ容は婦（男が女のような格好をする）

③ソノ俗は淫（風俗が淫らになり、性道徳が乱れる）

④ソノ志は利（私利私欲に走る）

⑤ソノ声楽は険（騒々しいだけの音楽が流行する）

まるで現代ニッポンのことをいっているように思えてきます。

▼自己の運勢を読め

国家にも、政治・経済にも、社会・文化にも、上り、下りの波があると説明してきた。しかし、何より大切なことは自分自身のトレンドを知ることです。仕事でもプライベートでも何をやってもうまくいく、危機一髪のところで難を逃れるというのは人生の上昇期です。

逆に何かやると裏目に出る、会社では嫌な上司と組まされる、健康も害したなどというときは下降期に違いない。自分が今、上昇期なのか、それとも横這いか、はたまた下降期なのか。

▼トレンド論との出会い

「人生にも上り、下りがある」というトレンド論を考えるようになったのは大学を卒業した昭和四十四年に偶然、証券界に入ったことがきっかけでした。

就職について本音をいうと、商社でも新聞記者でもよかった。都庁や区役所で机にかじりつく仕事は向かないという性格はわかっていたから、アウトドア的な仕事なら何でもよかった。

あたふたと大学の就職部に駆け込みました。数社、受験しようと考えたなかに大和証券があったのです。ちょっとだけはツキがあった。獅子文六の『大番』という本を読んでいたからです。地方から出てきた主人公が日本郵船や平和不動産などで儲け、株の世界で大儲けするというストーリーでした。相場の知識はゼロでしたが、おもしろかった。

掲示板を見て大きい会社らしいなとは思ったが、受験した理由はその程度でした。当時は山一証券が倒産した頃の証券不況真っ只中。ほかの証券会社だって、いつ潰れるかと思われていた。閑古鳥もいいところで、頭のいいやつは誰も証券会社なんかを受けない。そんな状況が幸いしてか大和証券には運良く受かった。

かつて将棋の元名人、米長邦雄さんと対談したことがあるが「逆張りこそ勝負に勝つ極意」といっている。たとえば株で考えてみよう。安値で買って高値で売れば儲かる。ところが、往々にして人気銘柄だからとみんながはやすのに乗って、高値でつかんでしまうケースが多い。就職も似ている。今、人気ランキングの上位だからといって「入社したい」と殺到するのは高値で株をつかんで損をするのと同じかもしれない。偶然でしたが、不況で優秀な人が見向きもしなかった証券マンを選んだことは成功の第一歩だった。

相場の世界で大切なことは二つある。一つは逆張りに徹すること、もう一つは勝負勘やヒラメキを実践に移す度胸です。

入社した頃は大和證券の上役たちが、株が売れないからといって宝くじやゴルフの会員権を売っていた。東京・代々木のオリンピック村に大卒の新入社員八四人が集まり、研修を受けたが、ほかの会社の研修も行われていた。石川島播磨の新人たちは何百人もいて、「俺たちが日本経済を支えるんだ」という顔をしていた。かたや、われわれはしょぼくれていました。

ところが、今になって振り返ってみると、向こうは造船不況の直撃とリストラに悲鳴をあげ、肩身の狭い思いをしたわれわれ証券マンがその後、右肩上がりの株価に酔いしれることになった。そして一九八九年のバブル崩壊を境に、またまた証券界は試練のときを迎えている。このように世の中は山あり谷ありの連続で人生も同じです。

私も、当時は自分の人生をトレンドで見るどころか、世の中のトレンドもまったく見えてなかった。闇夜を走っていたようなものでした。よくドブに落ちなかったものだと思います。まるで先行きの見通しをもたず、トレンド論の意識もなく、考えてみると、成り行きにまかせて漠然と与えられた道を走り出したのが、社会に出たときの出発点でした。

▼気力、知力、体力

みなさんも自分の運勢の上り、下りをチャートにしてみたら、いかがだろうか。人間の能力のなかで一番すぐれているのは先見性だと思う。ほかの動物にはない能力です。

ただし、残念ながら学校では教えてくれない。私の場合は、株式、為替市場の先を考える職業に就いたので必死に磨きをかけようと努力してきたが、どんな職業に就いている人にとっても、自己のトレンドを読むのはものすごく重要です。

どんな人の人生にも上り、下りがある。角度が大きいか小さいかの違いはあるが、これをある程度予知し、対策を練りたいものです。どんな時が上昇トレンドで、どんなときが下降トレンドなのか。何か特徴があるのだろうか。また、いかにしたら自分の人生を上昇トレンドに導くことができるだろうか。

結論をいえば、上昇期とは気力、知力、体力の三つが充実しているときです。この三つが充実するためには、当たり前のことだが、健康でないといけない。病院で入院している人に上昇トレンドはない。病気だと、課長にも昇進できないし、まして社長になれるわけがない。どんなに東大を一番で卒業しても、病気で入院しているようでは社会で通用しない。

精神的、肉体的コンディションを整えるのが大切である。もしも病気になったなら、まずは病気を治す。体調の回復に専念すれば、病気になったときが運勢の底で、あとは上昇しかない。

だが、そこで対策を誤れば、軽い風邪が肺炎になり、最悪のケースでは早死にする。自分の人生のチャートがそこで切れてしまう。誰だって自分の運勢は上昇トレンドが続いてほしいと願っている。それにはまず、健康管理にはくどいほど気をつけるべきです。

▼退却の日もある

日本人には初詣の風習がある。それは、ものごとの始まりを大事にするところに福がやってくると考えているからです。勝負事でもスタートダッシュが肝心です。

こういうことから考えると、朝目覚めたときに気力が充実している、体調がいい、こういう人には運気上昇トレンドが訪れている。

逆に、朝起きると食欲がない、体が重い、頭が痛い、会社には行きたくないし、学校もさぼりたい。こういうのは下降トレンドの典型です。

または、すぐ眠たくなる、遅く帰ってきたのになかなか寝付かれない、真夜中にハッと目が覚める、汗をじっとりかいている、こういうのも下降トレンドの初期の頃の兆候です。

私の場合、毎日人と会って水面下の情報をキャッチしている。情報が命のような仕事です。情報といっても、日経新聞などにでている記事を見て、株式投資を考えているようではプロとして生き残れない。紙に印刷された情報は、もはや鮮度のいい情報とはいえない。鮮度のいい情報を捕まえるために、人と会い、書物を読み、すでに情報となっている活字の裏を読む。

企業社会ではリストラが進んでいる。その結果、若手で抜擢される人もいれば、ベテラン・中堅でもリストラされる側に入ってしまう人もいる。天下分け目の合戦を生き抜くためにはどうしたらいいか。それは、日頃から自己の運勢の先を読み、備えているかどうかだ。何も考えず、ノホホンとしているようではビジネス戦士として落後してしまう。

つい先日、こんなことがありました。

ビジネスで人と会っていて帰宅が深夜になった。ちょっとおなかがすいて飲み食いしたのがいけなかったのか、夜中の三時頃に目が覚めて眠れなくなった。翌朝、寝不足のまま出社した。調子のいいときの体調が「一〇〇」なら、このときは「四〇」か「五〇」だった。ここからが勝敗の分かれ目となる。

私は体調が悪いと判断したときは、次のような心がけを実行する。現在までに決まっているアポイント以上の仕事をしない。ほかから急に「いい話がある」「きょう会いたい」と連絡が来ても、追加のアポは入れない。新しいビジネスのオファーは明日以降に回す。

これは兵法でいうと、兵力を分散、拡大しないことです。むしろ兵を撤収する構えでいるのが、この日の作戦です。

たいていの人は、体調が悪いなと思っていても、つい「いい話」に乗って「スケジュールを空けます」と約束する。また、早く帰ろうと思っているときに限って、得意先や知人から「一杯やろう」と誘われて出かけてしまう。

私は絶対、そういうことはしない。この日は撤退、よくて現状維持の日だと判断し、前に出ない。部隊の食料や兵器を整備し、明日以降に備えようと考える。どうしても外せないビジネスディナーの約束が入っていた場合も、「午後六時スタートで八時にはデザートを出してね」とお店にお願いをしておく。そして食事を終えたら、ニッコリ笑顔でお別れする。大学時代の友人との約束だったら、来週にしてもらうケースです。

できることなら、まっすぐ家に帰ってのんびり風呂にでもつかり、奥さんの手料理を食べて体調を整える。または会うと元気が出るカワイコちゃんとデートするか。このどちらかを選択する。

一日だけではなく、年間でも同じように考えている。

最高の年を「一〇〇」としたら「五〇」くらいの年もある。そういう年は、一年全体を翌年以降に備えるような予定表とする。

確かに、約束を断るのは難しいし、勇気がいる。兵法でも攻めるのはやさしいが、退却が難しいとされている。だが、負け戦でも見事に退却させるのが名将なのです。

仕事だって、やらなくて失敗する人より、やりすぎて失敗する人の方がずっと多い。

バブル時代、第一線で活躍したファンドマネージャー、財テク担当の重役たちが閑職に飛ばされた。彼らはみな、バブルの頃、大活躍した人たちです。攻めている時期はよかったが、撤退の時期を見誤った。不用意に敵陣深く攻め込みすぎた。自分の兵がヘトヘトになっているのにもかかわらず、撤退しないでいるうちに新たな敵が現れる。こうしたときが全滅するケースです。

話がそれるかもしれませんが、大会社の社長と話をすると、自分の運気はこれからもどんどん上昇すると自信満々な人が多い。だが、待ってほしい。サラリーマンの社会では社長になったら、それ以上、上はない。天井まで行ったらあとは下がるしかないのです。

株も、三万九〇〇〇円の最高値をつけたとき、「まだ上がある。四万、五万円になる」と欲望にキリがなかったが、世の社長たちもやっとトップの座についたのだから、これから運気ガンガンで、やりたいことをやってやるぞと考えがちだ。こうした間違った考えを持っていると、「なぜだ」と解任されたり、社内クーデターで失脚したりする。社長になったら、退却の心を持たなければならないのです。

古人いわく「出処進退」を知るべし！

▼試練は人生の栄養素

人生においても、退却の心、退却のタイミングが非常に重要になってくる。体調の悪いときにいかに我慢し、退却し、そして平時の体調に戻して次に備えることができるか。

運勢が上昇しているときは、おおいに自分の運気を信じて攻め込む。だが、やがては必ず下降期が来る。下降期に入ったなと感じたら自重することです。「失敗は成功のもと」というが、下降期も一つの試練です。

逆説的に聞こえるかもしれませんが、苦労や試練が人を成長させる。試練がないと成長しない。ぬるま湯につかったような人生を送っている人は、長い人生トレンドをみると横這いが続き、あるときからガクンと下降に入る。

昔から大成するためには三つの試練を経験せよといわれる。一つは失業し、路頭に迷うこと。二つは大病を患うこと。三つは監獄に入ること。

要するに、もう私はダメだと思うような試練を乗り越えてこそ、人間は大きく飛躍する。そのたとえです。

どうですか読者のみなさん、三つのうち一つでも経験がありますか。もちろんこれはたとえですから、いかに自分を鍛えるかは人それぞれのやり方があるはずです。

9 デフレの勝者になるために一度すべてを捨ててみる

▼誰にでもチャンスはある

デフレ時代の逆境をチャンスにするためには、一度すべてを捨ててみるということが必要です。大会社の重役だったということは忘れてみる。いい学校、いい大学を出たということは一度忘れてみる。そのうえに立って、このデフレ時代に自分の能力を活かせる場はどこか、そして毎日気持ち良く働ける場所はどこかを考えなおす。

そうすると、どんな個人にも得意な能力というのがあるはずです。日立、東芝の重役とか取締役、部長という肩書しか能力がないという人は少ないと思います。

たとえば三十代の人だったら、大学時代にはラグビーの名選手だったとか、あるいは書道やパソコンに打ち込んだり、そういう何か自分の持っている能力があるはずです。そういう技術でなくても、大会社の部長時代は営業部長で大変営業能力があったとか、あるいは社交術に長けているとか。そういう能力をデフレ時代にどう活かすかということを考える。大会社に入りたいとか、部長という肩書でないと困るというのはインフレ時代の発想で、これを一度ぶん投げるということによって逆境がチャンスに見えてくるはずです。

具体的な例をあげているときりがないのですが、そういう営業経験豊かな人を、たとえばデフレ時代に伸びている企業で活用する。小泉首相が行ったという居酒屋権八とか、狂牛病にも負けずに頑張る焼肉屋さかいとか、まだまだ成長中の新興企業では営業経験豊かな人を求めているはずです。

そういう場で自分の営業経験を活かすとか、あるいはアウトソーシングとして一年契約で猛烈に営業成績をあげてみるとか。社交術に長けていれば、ホテル業界で集客ビジネスを一手に引き受けるなど。こんなことは人脈がないと営業できない。会社に入って二、三年の人ではできないわけだから……。

たとえば、会社勤めをするのが嫌だったら、思いきって本でも出版してみるとか。あるいは講演をやってみるとか。学校の講師に行ってみるとか、あるいは結婚式の司会業をやってみるとか……考えればいくらでもある。

しかしそういうことをやるためには、「私は大企業の部長だったんだ」ということを捨てないとやれないわけです。少し前は、大企業を辞めてビルの清掃業を始めて大成功したとか、あるいは庭師になったとか、あるいは冷凍産業を起こしたとか、山一証券を退社になった人たちが集まって証券会社をつくったという例なども新聞に出ていました。

ですから、デフレ不況というのは一体何なんだろうということです。インフレ時代の発想を捨て、逆境をチャンスにしていく。デフレ時代に成功するコツの一つとして、すでに成功している人がいっぱいいる。大会社の重役になるとかいうのは、高度成長時代の夢で、今や楽しい夢ではありません。給料も上がらないし、何かあると責任をとらされる。

一人の個人の人生で考えたら、費用対効果が全然よくない。だから、雪印の課長とか取締役をやっている人は、デフレ時代の波のなかの被害者です。個々人を責められない。そういう立場におかれれば、インフレ時代の発想で、多くの人は誰でも会社のためにやる。

デフレ時代を勝ち抜くためには、一度すべてを捨ててみる。そして角度を変えて世の中を見てみると、少し才覚があったら、誰にでもビッグチャンスがある。

美しい女性に囲まれて仕事をやりたいと思ったら、美人モデルを集めて、芸能プロダクションの社長になったらいい。英語がペラペラなら、ニューヨークに行って、人脈をつくってイベントプロデューサーになる。要するに大事なことは創造的なアイデアです。デフレに負けるものかと思えばなんでもやれる。むしろ、一九八〇年代のバブル崩壊までは、大企業の枠にがんじがらめで、個性発揮のチャンスもなく、個人の才能を発揮できないような社会だったのです。

はるか昔ですが、わたしが大和証券を辞めたときに、みんな、「一流の証券会社を辞めてどうするの？」と。これが日本の常識だったと思います。だから、みんな辞めなかった。いい学校を出て一度大会社に入ったら、もう誰も辞めない。いまから考えたら、課長とか部長とか目の前のタイトルにこだわって大きな夢を失っていたわけです。

もしかしたら、起業家（アントレプレナー）になれていたかもしれない。でも、そういうことはいわゆる組織社会のなかではできなかった。デフレで組織社会が崩壊したから、むしろチャンスがやってきているわけです。

日商岩井でも、丸紅でも、伊藤忠でも、有能な人がいっぱいいる。みんな、今のポジションをぶん投げて、起業家でも、芸能プロダクションの社長でも、経済評論家でも、政治家でもなんでもなれるという発想の転換が必要です。それがデフレを勝ち抜くための鉄則です。発想の転換をしなければチャンスはやってこない。人生の早い時期にデフレに勝つ発想を持つ。若ければ若いほどチャンスがよりたくさんあるわけです。

デフレ不況を悲観視することなく、絶好のチャンス到来と考える。それこそＮＨＫの大河ドラマの前田利家を目指せばいいわけです。利家のように、加賀百万石の城主になるチャンスがあるのですから。

10 デフレ時代の成功のコツ
──柳の下にドジョウは二匹いる

▼成功例を見習え

「菅下さんは才覚があったから経済評論家になれたのでしょう、私はどうすればいいんですか」「きのうまで普通の会社の課長をしていたのに、いま辞めてすぐなんかやれといわれても、無理です。そんなに資金力があるわけでもないし、個人の才能があるとは思えない、自分と同じ程度の教育的なバックグランドの日本人は数多くいる。ワン・ノブ・ゼム（その他大勢のうちの一人）だ」という人が、たぶん多いと思います。

しかし、そういう人たちには、「柳の下にドジョウあり」といいたい。

このデフレ時代にもすでに成功している人はいっぱいいます。そういう人は、情報時代ですから新聞・雑誌などにいっぱい出ている。その人たちの成功体験をいろいろ読んで、これなら自分も真似できるというのを一人見つけだす。それを真似してみたらいいんです。

誰でもゼロから成功するというのは難しい。エジソンみたいな発明能力をもっている人はあまりいない。エジソンになれとか、ノーベル賞をもらうような学者になれと気休めでいっているわけではない。自分の生計を立てるのに、いままで給料取りだったのをやめて何をやるか。あるいは初めて商売をやるのに、すでに成功している人の例を見て、自分流にアレンジすることが一つのヒントだと思うのです。

たとえばパソコンやITの技術に長けている人が、ソフトバンクの孫正義さんを見習って、第二、第三のソフトバンクみたいな会社をつくっている人は百も二百もある。上場して、すでに億万長者になっている人も少なくない。

あるいは、スターバックスだとか、ドトールコーヒーとか、チェーン店で成功している人もいる。コーヒーも焼肉も、すでに始められているから、それではシュークリームをやるとか、お好み焼きのチェーンをやりましょうとか、いくらでもチャンスはある。しかし、これを成功させるには、それなりの努力と才覚はもちろんいります。

テレビ番組で、餃子の紅虎というグループの創業社長が紹介されていたのですが、個性豊かで人間的に魅力のある人でした。他人の何倍も努力していることがわかった。だから「デフレの時代は大いにチャンスはあるが、棚からボタ餅はありませんよ」といったのはそういうことなんです。

デフレを勝ち抜くためには、人と違った発想と実行力が求められるのです。

11 デフレ時代の必勝の論理

§パート1

▼太公望の書を探せ！張良のケース

次に、過去の勝利者を徹底的に調べることが参考になる。必勝のノウハウを持っていたから勝者になったわけで、彼らの足跡や生き様から学ぶことは多いはずだ。過去の歴史は必勝のヒントの「宝庫」といってもいい。

一例をあげよう。漢の高祖、劉邦（りゅうほう）。

『中国武将の智略』（守屋洋著、ＰＨＰ研究所）によると、彼が生きた時代には項羽（こうう）という無類の英雄がいた。まともに対決すれば勝ち目がなく、逃げ回った。一度は項羽に捕まって陣営に連れていかれ、首を切られる寸前のところで間一髪、逃げたこともあった。劉邦が勝ったのはたった一度。しかし、その最後の決戦で天下を取った。

この戦いで、項羽は劉邦の軍に十重二十重に囲まれた。項羽は楚の人だが、敵陣から楚の歌が聞こえてきた。

「なんということだ。自分の味方が寝返ったのか」実はこれは劉邦の計略だったが……。

項羽は失意落胆した。これがのちに「四面楚歌」という言葉になる。

数十騎に減った家来を従えて、項羽はやっとの思いで囲みのスキをついて自分の郷里に逃げ帰ろうとした。あと、この川さえ渡れば……というところで、しかし項羽は諦めてしまう。

「おめおめと故郷に帰れるものか」こうして天下の猛将は討ち死にしてしまった。

名を捨てて川を越えていればチャンスはあったかもしれない。捲土重来の機会が、いつか訪れたかもしれない。中国の詩人、杜牧も「江東の子弟、才俊多し」と始まる漢詩を残している。

仮に、項羽ではなく劉邦だったらどうだろうか。歴史に「もし」はないが、おそらく川を越えて次を待ったのではないか。

たった一勝。しかし、それで天下を取った劉邦の陰に、一人の名参謀がいたのです。

いかなるピンチのときも大将である劉邦を励ます。多勢に無勢といった絶体絶命のときも機略で敵の目を欺き、そのスキに逃がす。大将の首さえ取られなければ、もう一度、陣営を立て直すことができる。

天下人となった劉邦は、重臣たちに「なぜ私が勝てたか」を聞いた。すると、「それは劉邦さんが英雄で力があったからです」といったお世辞が返ってきたが、劉邦自身は冷静だった。

「私と項羽には決定的な違いがあった。項羽は自分の能力に溺れ、優秀なブレーンを使えなかった。私には優秀なブレーンを使う能力があった」なかでも「張良」のおかげであると、劉邦は一人の参謀の名前をあげた。

「張良」、彼がいなければ、劉邦が天下を取ることもなかったという。歴史に残る名参謀とはいったい、どんな人物なのか。

歴史書などによると、動乱の時代に生まれた彼は、少年時代から「私は天下の参謀になる」「必ず、私を使ってくれる名将が現れるはずだ」と自己暗示をかけて過ごしたといいます。

逸話なので本当にあった話かどうかはわかりません。先にあげた本などによると、ある朝、橋のたもとに一人の老人がいた。この老人は何を思ったのか、自分の下駄を川に投げると、張良に向かって「拾ってこい」という。

張良は「馬鹿にしているのか」と腹が立ったものの、怒りを抑えて拾ってあげた。今度は「履かせろ」という。やむなく履かせてあげた。

老人はニッコリ笑って立ち去ろうとしたが、何を思ったのか引き返してきて「見どころのあるヤツだ。五日後の夜明け前に、またここに来い」

約束の日、同じところに行くと、老人が先に来ていた。

「若者がワシよりあとに来るとは何事だ。五日後の夜明け前に、またここに来い」

だが、このときも老人が先にいる。また、怒鳴りつけられた。

張良も「それなら、よし」というわけで、次回は夜の明けきらない暗いうちから橋の上で待った。そして何時間、待ったろうか。ふと気づくと、老人がすぐそばにいる。

「よく我慢したな」。老人はそういうなり、一冊の書物を渡した。「これを読めば王者の師になれる。十年後にはきっと一旗あげておるじゃろう」

その書物こそ「太公望の書」だった。張良は老人にいわれた通り、何度も何度も繰り返し読んだ。何万回読んだかわからないほどだった。やがて、それが彼の兵術、兵法のもとになった。

劉邦が勝者となりえたのは、有能な参謀を信じ、望みを捨てなかったから。

一方、有能な参謀は、仙人のような老人から授かった書物を何万回も読んで兵法の極意を会得した。

ここから導き出せる現代のノウハウとは何か。

株名人を目指す私なら、相場の「太公望の書」を探さなければならない。それはきっとある。私にとって、その一冊は算命学の『悠久の軍略』（高尾義政著、菜根出版）です。どの分野にも「太公望の書」があるはずです。あなたは自分にとっての「太公望の書」を探す努力をしているか。

ところで、張良が「太公望の書」を何万回も読んだのはなぜか。それは、読むだけでは人より知識が増えるのにすぎないからです。血となり肉となるためには、こうした努力が必要だったのです。ここが大事なところで、知識だけでは必勝を期せない。実践が必要なのです。

歴史作家の司馬遼太郎の『峠』の主人公に出てくるが、幕末に河井継之助（かわい・つぐのすけ）という人がいた。この人は緒方洪庵塾に入塾し、塾頭になる。今でいう参考書は何も読まなかった。ただ一冊の本を読みふけった。それは陽明学の書物でした。河井は、その本を、一文字一文字突き刺すがごとく、マスターしたといわれる。その陽明学の教えこそ「知行合一」のひと言です。

必勝の論理・その一は「過去に学べ」「太公望の書を探せ」です。

▼日本海海戦に学べ！秋山真之のケース

日本の歴史上の人物で、私が着目するのは日本海海戦でロシアの無敵のバルチック艦隊を木っ端みじんにうち破った参謀、秋山真之少佐。

有名な「T字型戦法」を編みだし、日本の国難を救った。司馬遼太郎の『坂の上の雲』にも、その人物像が描かれている。

幕末から明治維新にかけて人材が輩出したが、日本にとって大きな転換点は日露戦争だった。日本存亡の戦いだった。こういう世紀の一戦には、天才があらわれる。

連合艦隊を組織したとき、海軍中将、東郷平八郎が呼ばれた。すでに予備役となり、退役しようとしていた人がロシアとの雌雄をかけた決戦で連合艦隊のリーダーになった。ときの政府首脳が推薦するのだが、明治天皇に奏上すると、「なぜ東郷か」とお聞きになる。答えて曰く、「東郷は幕末から明治維新にかけて刃の下をくぐり抜けている。少年時代から今日までを見てみると、彼ほど運のいい男はいない」能力プラス運で連合艦隊の艦長に起用されたのです。

勝利のためには天運と必勝の論理が必要です。必勝の論理は一つの技であるから、運と技が最高潮となって大勝利となる。東郷中将の持てる運と、秋山少佐の知恵。これが連合艦隊の大勝利に結びついた。

私は秋山参謀の自叙伝も読んだ。伊予・松山の生まれで、お兄さんは日本の騎兵隊の生みの親になった名将・秋山好古大将です。友人には俳人の正岡子規らがいる。

当時の海戦では、味方の艦隊が縦一列になって敵の艦隊と向かい合い、横についている大砲で撃ち合うというのが常識的な戦法でした。ところが、秋山参謀が取った戦法はまるで違った。常識破りと言えた。

ご承知のように、秋山参謀の連合艦隊は、バルチック艦隊が旅順港に逃げ込めないように、その進路をふさぐ形（これがT字型に見えた）で待ち受けたうえ、敵の一番前の戦艦に集中砲撃し、全滅させたのです。

秋山参謀はどうして、こうした戦法を編み出せたのか。

バルチック艦隊との海戦を想定し、作戦の主任参謀に指名された彼には、もしもこの一戦に敗れたら日本が滅びるとの危機感があった。全身全霊を世紀の一戦に捧げた。

彼は生涯結婚せず、日露戦争が終わったあとにはエネルギーを使い果たしたのか、異常とも思える行動で、周囲の人から「頭がおかしくなったんじゃないの」とささやかれた。神道か何かに入り、晩年は仏像を一人黙々と彫る日々を過ごした。

T字型戦法は、彼の生涯をかけた英知の結集です。

秋山参謀は過去の海戦史をことごとく読破した。原始人のカヌーの時代に始まり、どんな小さな戦いも見逃さない。そして、どんな戦い方をして、その結果がどうなったかという膨大なデータから必勝の論理を探った。

「どの戦法なら、バルチック艦隊に勝てるだろうか」。来る日も来る日も、日本海海戦を頭のなかでシミュレーションした。

秋山参謀にヒラメキを与えたのは戦国時代の村上水軍の戦法だった。村上水軍が瀬戸内海で戦った際、T字型戦法に近い形で敵の進路を阻み、先頭の船を叩いて快勝していたことを知り、これを応用したとされる。

しかし、問題はまだ残っていた。敵がどのルートを航海するか。そして敵に気づかれずにうまく待ち伏せできるかどうか。

秋山の第六感は「敵は対馬からやってくる。必ずこのルートを通る」と見抜いた。しかし、万に一つも間違えては勝利はない。日本海近海に碁盤の目のように監視艇を配置した。そして、対馬沖に「敵艦見ゆ」彼はこの情報に接したとたん、上半身裸になって喜んでタコ踊りを始めたという。天才が苦心に苦心を重ねて予測した敵の進路。それに対応する必勝の陣形。その網のなかに、シミュレーション通り、敵の艦隊が入ってきたのです。秋山参謀が喜んで裸踊りをしたという記述を読んで私は胸が熱くなった。

そして、彼が大本営に打った有名な電文。「本日、天気晴朗なれど、波高し」

実はこの言葉にも深い意味があった。

敵の艦隊を全滅させるためには天気がいいことが条件でした。雨や曇り、霧では敵を見失う恐れがあった。波が高いのも連合艦隊に有利でした。当時、連合艦隊の砲兵は練度が高かった。

一方のバルチック艦隊は長い航路でクタクタになっている。波が高く、揺れれば揺れるほど、練度の差、集中力の差が出てくる。

必勝の論理・その二は「秋山真之に学ぶ最善手と天佑」です。

▼特技に集中する!ナポレオンのケース

ナポレオンは最終的にはセントヘレナ島に流されたわけですが、ヨーロッパの戦場に現れて以来、連戦連勝を飾り、「戦争の神様」と呼ばれた時代があった。彼がなぜ、それほど強かったのか。

ナポレオン軍隊は砲兵を中心とした火力を充実させていた。

そして、敵の弱点に自陣の持てる火力、兵力を一点集中した。どんな強固な軍隊も一角を崩せば、そこからつけ込める。

ナポレオンの逆が兵力の分散です。兵法上、もっともまずい形だった。

現代のビジネス社会に照らし合わせると、ナポレオンの火力にあたるのは、あなたの特技です。語学に堪能な人もいれば、「体力では負けない」という体力派がいたり、「粘り腰」があると認められる人もいる。こうした特技を、突破口が開けそうなところに集中すること。

逆に必敗の論理は、自分の調子が悪いときに苦手なところに多くの力を割くことである。こういうことをやっていると、勝ちにつながらない。だが、案外多いのです。

たとえば、野球で、次のようなケースがある。

「内角が打てない」「内角球が弱点だ」と指摘され、なんとか弱点を克服しようと内角球を打つ練習ばかりしているうちに、今まで得意だった外角球も打てなくなってしまう。

企業も同じで、ある製鉄メーカーが本業と関係のないうなぎの養殖まで手を広げているうちに本業までおかしくなった、というケースがかつてあった。

もう一つ、例をあげよう。

日露戦争の二〇三高地。乃木希典司令官率いる軍はロシアの強固な陣地を、何度決死隊を送って突撃しても崩せなかった。なぜだろうか。

第一に乃木大将には敵の状況把握が不十分だった。第二に、従来の戦法を繰り返してクリエーティブな陣形、戦法がなかった。第三に、日本の陸軍の特技を生かし切れなかった。こういう三つの間違いがあった。

その後、陸軍きっての軍略家、児玉源太郎満州軍総参謀長が乃木司令官の指揮権を代行した。児玉総参謀長は、最前線まで馬をとばして自分の目で戦況を確かめた。はるか後方の作戦本部で決定を下していた、いわば官僚タイプの乃木司令官と対照的でした。

児玉総参謀長は、何十にも敷かれた防御陣、高台に据えられた当時としては珍しい連発式の機関銃を見つめ、これでは何度決死隊を送っても戦死者が増えるだけだと悟った。

敵の陣地で一番高台にあり、難攻不落といわれた二〇三高地を一点集中して崩そう。それには距離の長い軍艦で使った大砲を陸にあげて集中砲火しよう。作戦を変更した。

そして、ロシア側の機関銃の音がやんだ瞬間に決死隊が切り込み、二〇三高地を奪回し、旅順を陥落させた。

ドラマなどでは、乃木司令官のことがサムライ精神で描かれているが、兵法上、必勝の論理かららいえば、乃木方式はバツ、児玉方式が二重マルとなる。児玉総参謀長が用いたのが、まさにナポレオンの戦法だったのです。

必勝の論理・その三は「敵の弱点に自分の特技を一点集中して攻撃する」

▼クリエイティブになれ！宮本武蔵のケース

武芸者として、武蔵の右に出る人はいない。「五輪書」によれば、十三歳で初めて試合に勝ち、その後、六十余りの試合で一度も負けなかったという。ちなみに最後の決闘が、武蔵二十九歳のときの、巌流島での佐々木小次郎との一戦だったという。

武蔵は単に剣が強かっただけではなく、心も強かった。剣と心と体が一体になって動く術を心得ていた。これを心技体という。

一条下がり松で吉岡兄弟を下した後、大勢の敵陣から逃げた。そうしてしばらくしたら、ある野原に足を踏み入れていた。

向こうを見ると、一人の老婦人と一人の壮年が野だて（外でお茶をたてる）をしているシーンに出会う。武蔵は、野の花を摘んでいた老婦人のもとへツカツカと近づいていった。ところが、この老婦人はハッと振り返るなり、キャーと叫んで壮年のところに逃げてしまった。

武蔵が、ゆっくりと二人にあいさつをする。壮年は「お侍さん、お急ぎでなければ腰をかけてください。お茶をたてますから」

武蔵は座って、そのお茶をいただいた。

一息ついたところで、武蔵は老婦人に「先ほどはどうして驚かれましたか」と聞いた。すると老婦人は「血の臭いがしました。お侍さんには失礼ですが、動物の血の臭いがしました。だから、イノシシかオオカミが来たのかと思って……」

「そうですか」武蔵は「実は果たし合いをしてきたところなんです」と打ち明けた。

壮年は、陶芸・書・和歌など多才な文化人として知られた茶人の本阿弥光悦（ほんあみ・こうえつ）でした。武蔵は茶や陶器の良さを教わるようになった。そして、そのことをきっかけに「イノシシやオオカミではダメだ。本当の武芸者は心をつくらないといけない」と悟り、仏像を彫るなど心の鍛錬に入ったのです。

勝つためには、常に心のバランスが整っていないといけない。そうして相手の虚をつく。自分は心のバランスがとれていて、相手が心のバランスを失うと勝てる。

虚をつくためには、戦法はクリエイティブでなければならない。武蔵は敵に応じ、戦局に応じ、常にオリジナルな戦法を考えた。一乗寺下り松の決闘では、松の上から飛び降りた。かの有名な佐々木小次郎との巌流島の決闘では、約束の時間に大幅に遅れて敵をじらした。複数の敵を相手にしなければいけないときは、じっとしていれば負けると判断し、とにかく走りながら、動きながら勝機をうかがった。また、刀が一つでは、刃こぼれしたら終わりだからと二刀流を編みだし、使いこなしたのでした。

武蔵にならう必勝の論理・その四は「心のバランスを失わない。そのうえでクリエイティブなアイデア、発想をもつ」

§パート2

▼ミッドウェー海戦と必敗の条件

逆に、必敗の条件は、心のバランスを失うことです。心のバランスを失うと、見えるものも見えない。状況判断を間違う。しかも戦法は過去のパターン通りで相手に読まれる。

この典型が太平洋戦争です。

日本は日露戦争の大勝利以来、大鑑巨砲主義を続けた。一方、米軍は制空権を握ったものが勝つと見て空母をつくった。空母に大量の戦闘機、爆撃機を乗せ、輸送するという戦法を考えた。

日本はミッドウェー海戦では必敗の形を取っていた。

日本の指揮官の発想は日露戦争からあまり変わらず、米軍に完全に手の内を読まれた。南方諸島でも夜襲攻撃はことごとく見破られてしまった。米国は戦国武将や日露戦争などの日本軍の戦いを調べているうちに、日本人は夜襲が得意だという分析結果を割り出し、十分に警戒していたのです。またミッドウェー海戦では、指揮官が心のバランスを失って、状況判断を誤った。この教訓からもわかるように、戦いは独創的でなければならない。

▼関ヶ原の合戦の教訓

ところで、武蔵は関ヶ原の合戦に足軽で出陣しています。あのとき、豊臣側の西軍につくか、徳川側の東軍につくかは人生の分かれ目でした。もしも、自分が足軽、小大名だったとしたら、どっちについただろうか、と考えてほしい。

今は歴史で徳川家康の勝利を知っているが、あのとき、明らかに西軍の豊臣側はダウントレンドだった。

秀吉の実子、秀頼が幼少であったため、秀吉の養子で関白の秀次が後継者と目されていた。ところが、血生臭いお家騒動の末、秀次は関白の職を解かれ、高野山に追放されたあげく、自殺させられた。しかも、その妻、側室、三人の子供までもが殺された。こんなひどいことを命じる人間たちの運気が上がるはずがない。まもなく最高権力者の秀吉が亡くなった。豊臣側の運は暴落していたのです。

一方の家康はたたき上げの人間である。命を捨てても家康のために戦うという三河以来の家来に囲まれていた。これでは結果は火を見るよりも明らかでした。

天下の形勢を知るべし。

自分自身の好不調は比較的わかりやすい。朝、目覚めたときの気分や仕事のできなど。サラリーマンなら昇進や出世という尺度もある。

その一方で、世の中全体が今、アップトレンドなのかダウントレンドなのかも、キャッチしていないといけない。

それは、なぜか。

いつ、人生で勝負に出るべきか、決断を迫られることがあると思う。勝負に出るのは自分のトレンドが上昇で、世の中の動きも上昇のときがベストです。自分は上昇だが、世の中は下降という時期は勝率五割。自分の運も世の中も下降なら、勝率はゼロとみるべきです。

今は大デフレ不況からやっと立ち直れるかという、かすかな希望が見え始めた時期。しかし、足元は脆弱です。いつまた、不況の奈落に落ち込むか。警戒を怠ってはいけません。

こうした時期に、大規模な新規事業を始めたり、一攫千金をねらったような行動をしても、勝率は低い。だからサラリーマンで転職する場合は十分な準備が必要である。一時の思いつきや感情で転職すると後悔することになる。

今はじっと天下の形勢が良くなるまで待つべきです。

「鳴かぬなら鳴くまで待とうほととぎす」

家康は天下の形勢が自分に利があると思えるまで待てた。だから、彼は時代の勝者になれたのです。

▼上杉謙信に学ぶ戦機

戦いには必ず戦機があります。ビジネス、商売でいえば商機です。自分のところの兵力が整い、兵隊の士気があがり、気力充実している時。なおかつ相手の態勢が乱れ、戦闘体制が不十分なときは勝てる状況になっている。自軍にとっては戦機満つるときです。

株式相場でも、買いを入れたとたんにそこから株価が上がりっぱなしというタイミングがある。逆に、流れが変わってどんな安値でも叩き売らねばならないときもある。戦争を仕掛けるとき、逆に敗色が濃く退却するとき。そういうタイミングをどう体得するか。

その一つの参考に、上杉謙信の例をあげたい。

当時、謙信には武田信玄というライバルがいた。両雄は川中島を挟んで何回も相まみえた。確か、四回目の川中島の合戦の時、謙信は「今度で雌雄を決しよう」と決断した。その際、彼が取った戦法とはどうだったか。

全軍を率いて武田の領地内に深く入るという、非常に危険な賭けに出たのです。戦国時代の戦いは、たいていの場合、両者の領地の境界線の平原が舞台になる。ところが、兵力が優勢な武田軍に対し、謙信は主力部隊を率いて武田領内に侵入し、さらに山の上に陣地を取った。これまた、戦争の常識からは考えられない危険な戦法でした。山の上に陣地を取ると、敵に包囲されかねない。しかも糧道を断たれたら最後、一か八か討って出るしかない。

ふもとには川が流れていた。武田軍は川を挟んで向こう側の平原に陣を取る。武田軍は主力を二手に分け、一軍は山に攻撃をかける。もう一軍は慌てて降りてくる上杉軍を下で待ち伏せる作戦に出た。きつつき戦法とも呼ばれた。きつつきがトントン、虫を追い出してパクッと食べることから名付けられた。

普通の人が大将なら、全滅する危険があった。だが、謙信は茶人のように明鏡止水の心境で、この一戦にかけた。戦機を待っていたのです。

霧の深いある日、武田軍の陣営に煙がのぼっていた。そこから武田軍の動きを察知した。山に登ってくるな、と。

武田軍の裏をかいて上杉軍は先に山を下りた。その際、自分たちの軍が残っているように見せかけるため、かがり火を煌々と焚いた。

山は登るより駆け下りる方が速い。明け方、密かに川を渡り、武田信玄のいる武田軍の本隊に総攻撃する。

敵に気づかれないように、謙信は馬が嘶かないように注意した。また、一万二千人の兵隊が行軍するだけで音がするが、着ている鎧が鳴らないように紙か布を挟み、そうして川を渡った。そして車がかりの戦法といういわば相打ち覚悟の必勝の戦型で襲い掛かった。

ついに謙信自らが武田の本陣に駆け込んだ。このとき、信玄はもう少しで首を取られるところでした。「あいつとだけはもう戦いたくない」と名将、信玄に言わせた謙信は、この一戦に勝敗を賭けたのでした。

必勝の論理のまとめとして、その五は「勝機をとらえろ」

では、どうしたら勝機をとらえることができるのか。私はイメージだと思います。勝つためのイメージを描くこと。

過去の戦機満つる事例をいくつも見て、もし自分がそのような場にいたらどう行動するかをシミュレーションするのもいいと思う。サラリーマンでいえば、ヒラ社員のときには常に自分が課長になったときのシミュレーションをする。課長のときは常に部長になったときのシミュレーションをする。これが現代のサラリーマン、必勝の論理です。社長になってから、慌てて社長のシミュレーションをしているようではもう遅いのです。

12 デフレが終わったらどんな世の中になる

——温度が上がる、金融氷河期が終わる

▼先を読む能力を身につける

デフレ不況がもうじき終わるという想定をそろそろもたないといけない。デフレ不況が終わったら、どんな世の中になるだろうということを考える必要がある。これは先を読むことです。

また、インフレ時代とは違い、デフレ時代は「いす取りゲーム」で、その決定的な差がある。先を読めるか読めないか、先見性とか能力というのが、誰でもすごく重要になってくる。それは政財界のトップから、新入社員まで同じです。先を読む能力が必要なのです。

まず、次の時代がどんな時代になるんだろうなということを考える習慣を身につけるというところから入る。

デフレが終わればどんな世の中になるんだろうということを考えるヒントが今後、社会現象と

して現れてくる。冒頭のデフレが終わるというところで述べました。社会現象というものを短絡的に見ては先を読むことはできません。一つの社会現象、事象のなかから、将来どういうことが起こるのかという前触れを感じとる。いわゆるお知らせ現象というものを感じる、第六感（テレパシー）が働くという人間になるよう心がける。

現代人はこういうセンス、感覚が大変鈍っている。ともあれ、未来予知能力はどうして人間には現れるのか。未来予知能力はどこから出るのかというと、危機、危険からです。だから、自分の身が危ないという世の中になると、だれでも予知能力が働く。ハンバーグを食べて昼寝をしている人だって、平和な時代なら、上から瓦が落ちてこないから大丈夫だけれど、危険な時代はぼやぼやしているとものが落ちてきて当って死んでしまう。

デフレ不況とは危ない世の中のことです。そうすると危険を予知する能力が働く。だから同じ人間でも、戦国時代に生きた人は危険予知能力があったわけです。

もっと危険予知能力があった人はどんな時代の人かというと、原始時代の人です。洞穴に住んでいて、うかうかしていたらマンモスかなんかに踏みつぶされる、猛獣に食われてしまうという時代は、眠っていたって、危険な動物が近づくと「どないしよう！」と、それで目を覚ます。あるいは、戦国の武士は眠っていても、怪しいものが近づいたら、殺気を感じる。

だから、このデフレ時代というのは逆にいうと、自分の予知能力を養う時代でもあります。まずデフレが最終局面に入ったらどんな世の中になるか。デフレによって前の時代のものが全部破壊されて、価値観が激変する。そして世代交代が起こる。一種の、次の新しいシステムとか制度、そういうものができるまで、混沌とした時代が、デフレのあとにやってくる。

混沌の時代は、戦国時代みたいなものです。デフレの終わったあとは、すぐにインフレの時代はやってこない。破壊のあとに起こる混沌、カオスの到来が予想される。

これを私は「淘汰と新生の時代」といっています。だからデフレ不況の最終段階は、「淘汰と新生の時代」がやってくる。

混沌の時代にどういうことを注意しないといけないかというと、淘汰されるという危険が、個人も企業も常にあるわけです。そこで身にふりかかる危険を察知する能力を問われます。そこで私が言っているのは、リスク思考を養う。企業も個人もリスクマネジメントができないと、タイトロープ（綱渡り）から落ちる。デフレ時代で自分の椅子がなくなる。危機管理能力を養うことが、デフレを勝ち抜くための鉄則です。

危機管理能力が必要な時代とは、権力の交替、苛烈な旧権力と新権力の闘争の時代でもある。政治・経済など各分野で新旧対立の闘いが起こってくる。デフレに勝つためにはリスクマネジメントができるか、できないか。危機管理能力を身につける必要があります。世代交替、価値観の激変。旧世代が持っていた価値が否定されるわけです。次第に新世代の人たちの価値が主流だということになる。そして、下克上の風潮というものが出てくるわけです。

だから、危機管理能力、リスク思考を身につけることがまず第一。そういう危険（リスク）に満ちた危ない時代がやってくる。リスク思考を身につけると同時に、もう一つ大事なことは、自分が何をして食べるかというはっきりした意識をもつことです。あれもこれもやれるという時代は終わりです。自分の価値観をしっかりもって、自分の強い部分をさらに強くするということが決め手となります。

先にもいったように、英語の能力があれば、それに満足していないで、さらに磨きをかける。IT、パソコン関連に強ければ、さらに強くなってやるとか、自分の武器を持つ。次の時代に求められる勝者の条件です。

次の時代は情報戦争の時代です。デフレ不況が終わったあとの淘汰と新生の時代は、ある意味では混沌、混乱……そういうなかから新しい成功者が出てくるという楽しみもあるわけです。戦国時代に、織田信長が、多数の忍者、ワッパを抱えて、敵を情報で攪乱して、千人の兵力で十万人の今川軍を倒したような時代。まさに情報戦であるわけです。情報戦に強くなるという意識をもつ。その情報に強くなる秘訣は、本書の最初に書いてあります。

大体世の中の大転換期は、時代が変化する前の十年ぐらいの常識が非常識になる。裏返し現象が起る。大体そう考えればわかりやすい。

少し歴史を振り返ると、一九八〇年代はスーパーインフレ時代です。奇しくも一九八九年末、東西冷戦の終結とともに終わった。八〇年代はインフレの時代です。そのあとの九〇年代は、十年強、デフレの時代でした。もしこのデフレが二〇〇二年、二〇〇三年に終わるなら、次の十年は、いままでの十年を打ち消すようなことが起こるのではないか。

次の時代を予測するためには、しっかりデフレの時代がどんな時代かを自分で理解し、把握する。このデフレの時代を気候にたとえると、すごい寒い時代、冬の時代です。温度も下がって、太陽も下がった時代です。いわば金融氷河期です。地球が凍ったいちばんの理由が、銀行のバランスシート不況、過剰債務です。金融氷河期のど真ん中に、大口の債権と債務を抱えた銀行と不良債権の御三家といわれる建設、流通、不動産、などがいる。どんどん気温が下がって凍るような閉塞経済が十年以上ありました。そろそろ雪解けの芽生えを感じるのが二〇〇二年の春三月。

しかし、今を見ると一面の氷が視界を閉ざしているという状況です。もしかしたら風雨にみぞれが交じって吹いている。こういう気象状況にわれわれは立っている。しかし、氷の下のほうから雪解けの音が聞こえるというのが、今の私のイメージです。

この金融氷河期が終わりますと、次第に温度が上がってくるのではないか。われわれの経済社会における気温とは何かというと、金利です。これから次第にじりじり金利が上がるのではないか。急騰はない。なぜなら金利が急騰すると大口の債務者が窮地に追い込まれる。千億円借りている人は、一%の金利が上がると十億円跳ね返ります。一兆円なら百億円です。金利が一%上がっただけでダイエーの債務は一兆円規模ですので、簡単に百億円ふえてしまうので、なかなか金利を急騰させることはできない。金利が急騰すると金融恐慌勃発という懸念が政府にもあるので、そういう局面では、日銀が国債を大量に買い付けて金利が上がらないようなオペレーションをやる。こういうふうに予想しています。

しかし、そうはいっても、次第に水面下の雪解けがはじまっているので、ジリジリ金利が上がってくるというのが、新しい世の中の訪れを知らすお知らせ現象になる。逆にいうと、金利が上がらないとデフレの雪解けは長引くでしょう。

13 デフレ不況はいす取りゲーム

▼動乱期の政治はどうなる

次第に雪が溶けて氷河期が終わるとどうなるかといいますと、すぐに温暖な社会がやってくると考えるのは早計です。金融氷河期に閉ざされて、古い生命が全部消滅します。そういう厳しい環境のなかでも生き残った新しい生命が育つまで時間がかかる。デフレ不況が終わったあとの数年間は、次の新しい時代の過渡期です。

この過渡期はどういう時代かというと、古い時代のいろいろな現象を残しつつ、新しい現象が入ってくる。ひと言でいうと混沌の時代です。経済的には、オールド・エコノミーが消滅するのですが、まだ頑張っているオールド・エコノミータイプの人、オールド・エコノミータイプの企業も残っている。そこへニュー・エコノミー、新人類といわれる新しいタイプの人種、新しいタイプの企業が入ってくる。オールド対ニューの競争、戦いが起こってくる。そういうなかでさらに篩《ふるい》がかかる。淘汰がある。そして数年後か、十年以内に新しいタイプ、新しい勢力が生まれてくる。

だから、デフレが終わったあとは、残念ながら五年ないし十年は混沌の時代を迎えるのではないか。早くて二〇〇八年、時間がかかれば二〇一二～二〇一三年ぐらいまで混沌の時代が続く。混沌の時代の後半は、新しい体制、新しい制度、新しいルール、新しい勢力、新しい企業、新しいエネルギーが見えてくる。

混沌の時代の特徴を簡単にいいますと、一つは、玉石混淆です。もう一つは新旧対立が顕著になります。過去の歴史上で似た時代を探すと、応仁の乱前後の時代を二十一世紀型に焼き直した時代になるのではないか。そういう時代は、一方で大成功者、英雄が出てくる素地がでてきます。たいへん多くの人が篩われ、失脚し、多くの敗者を生む。

しかし、一方で新しい時代を早く察知して、それに対応した個人や企業のなかから、ヒーローが出てくるのではないか。おそらく今後の日本の経済は、小泉首相があと数年政権をやろうが小泉さんが年内に倒れ、誰か新しく出てきても、改革という旗印、政策目標は変わらない。あと戻りできない。古い体質にはなれない。というのは、もう淘汰がはじまっているからです。ここであと戻りはできない。日本の改革がどういう形で着地するのかを見守る世の中になるというのが、私の次の時代の見方です。

混沌の時代の前半は、小泉改革の仕上がり次第、創造的破壊になるのか破壊のための破壊になるのか、どちらにしても古い体質や古い価値観は墜落して、混沌の中から新しい価値観や新しい成功者が出てくる。

▼衰運期の日本政治

衰運期（ダウントレンド）に入った日本で、これから何が起きるのか。世界と日本の激変は、一九八九年十二月、地中海マルタ島における米ソ首脳会議から始まった。既存の秩序や既存の勢力が倒れると、秩序模索の動乱期がやってくる。混乱期のあとに新しい権力、新しい勝者が台頭してくるのが、歴史の一定不変の原理です。第二次世界大戦後の四十数年間はヤルタ体制でした。ヤルタ体制とは、米ソの超二大軍事大国が世界を支配した東西冷戦構造。この東西冷戦こそ、形を変えた第三次世界大戦だった。結局、ソ連が無条件降伏し、世界は新しい動乱の時代に入った。これが私の大局観です。

みなさんは地球儀を最近ご覧になったことがありますか。私は地球儀を眺めるたびに、日本は、世界情勢の小さな縮図だとつくづく感じる。日本を見れば世界がわかる。日本の政界の現状も、世界の変化とそっくりの進行形なのです。

ソ連邦が消滅し、ソ連のリーダーシップで運営されてきた東ヨーロッパを中心とした共産圏全体は今や秩序を失い、不毛な混乱と戦争の渦に巻き込まれている。

かたや戦勝国の米国も勝利のためにベトナム戦争で大量の血を流し、無理な軍拡のために経済的にも疲弊した。「ゴールデンシックスティーズ」と呼ばれた一九六〇年代に築いた豊かな富とフロンティア精神を失ってしまった。

日本の政界に眼を転じると、激変期にあたることはいうまでもない。戦後約半世紀続いた自民党の一党支配（五五年体制）は一九九五年の夏、崩れた。それまでの政界は、資本主義を代表とする万年与党の自民党と万年野党の社会党（現社民党）という対立構造で語られてきた。まさしく東西冷戦の図式そのままだった。

ところが、東西冷戦が終結し、社会、共産のイデオロギーの根本が消滅したとたん、万年野党だった社会党は、自衛隊違憲、非武装中立といった金科玉条をあっさり投げ捨てた。

この瞬間に野党の存在が消滅し、政界はオール与党（共産党を除く）となった。ソ連が消滅し、オール資本主義体制となった世界の構図をほうふつさせる。しかし、似ているのはそれだけではない。戦勝国・米国が衰退したように、日本の政界で野党というライバルがいなくなったはずの自民党は、自己増殖を続けたあげく、バブルがはじけるように、膨張した権力が破綻した。

具体的には政界を牛耳っていたドン・金丸信副総理大臣の巨額脱税事件を引き金に、自民党の権力中枢といえた旧経世会が分裂する事態に発展した。社会党のトップを総理にかつぐという仰天政権が登場したのも、こうした自民党の地盤低下のなれの果てでした。

そして現在は、自民党は単独では政権を維持することはできず、公明党保守党との連立政権を組むほど脆弱な勢力となったのです。

▼トヨタが巨大化する

デフレという収縮経済では、さまざまな分野でパイの奪い合いが起きる。一個のパイを奪い合うのだから、大きいものほど強い。戦国時代を勝ち抜くために、強いものはより強く、大きいものはより大きくなろうとする。

すでに兆候は現れている。東京三菱銀行がまさしく象徴的な例です。これからの時代、たとえばトヨタ自動車がますます巨大化するというような発想を持っていた方がいい。日産自動車や三菱自動車、マツダのような規模の会社は消滅し（合併、吸収などによって）、ホンダも本社を海外に移し、国際企業として生きてゆく。国内はトヨタが独占する。証券界なら、野村、大和が合併するといった発想です。もちろん、これらはあくまでも近未来における仮定の話だが、現実味ゼロかというと、そうではない。むしろ常識では考え難い、こうした劇的な変化が起こりうるのだと頭の片隅に入れておくべきだろう。

▼政商が出現する

こうして弱肉強食の理論が産業界を支配する。たとえ現在、大企業であっても、油断すればライバル企業に食われてしまう。生き残るためには、食われる前に食え。ライバルを蹴落とすには、どうしたらいいだろうか。その答えは簡単です。資産デフレによる慢性不況のなかの経済は次第に統制経済の色が濃くなる。巨大企業がより巨大になろうとするなら、ターゲットは利権を知りぬいた高級官僚と一部政治家。つまり、これらと繋がる政商的な企業が、不況のなか、日本株式会社を牛耳ることになろう。

資本が小さいため国内で台頭することが難しいベンチャー企業は海外へ飛翔したらいい。シャムで日本人村を築いて成功した山田長政型の企業を目指せ。山田長政型が成功するには、高度な技術と個性的な経営思想を持っているかどうかがカギです。今や本社がどこにあるかは問題ではない。マーケットを世界に求め、IT革命の波に乗ることが決め手です。名もなく、金もなく、コネもないが、個人で一旗あげたいという夢と度胸のある向きは海外がチャンスです。これからは韓国市場が面白い。日韓開放路線でビジネスチャンスは広がる。

だけど海外はイヤだ、どうしても国内で成功したい、というのなら隙間産業しかチャンスはない。巨大企業が注目しない、特殊な能力やマーケティング能力が必要な分野というと、何があるか。たとえば遊技やゲーム産業、消費者金融、コンビニエンスストア、介護、美容、学習塾などだろうか。

▼経済三流国への没落

このままデフレ不況が続けば、日本の国債の格付け低下でわかるように日本は経済三流国となる。早く効果的なデフレ対策が打ち出されなければ時間切れとなってしまう。

今や日本国中どこでも、ローンで購入したマンションが半値になったなどという話はザラだが、そうした資産デフレに苦しんでいる人たちには、一番苦しい時期になろう。放置すれば銀行も倒産する。ただし大蔵省、日銀の金融当局は金融秩序の維持を理由に銀行だけは必死に救済しようとするだろう。その分、ほかの業界で倒産やリストラが相次ぎ、日本は「経済大国」から「経済三流国」に没落する。精神的には非常に貧しい気分になる。

かつての経済大国時代を振りかって見ると、その夜明けは、池田勇人内閣が唱えた「所得倍増計画」（昭和三十五）ごろか。その後も田中角栄首相の「日本列島改造」（昭和四十七）で太陽が南の空に昇ってゆき、暑い日ざし（豊かなる給料）が庶民のポケットに降り注いだ。

朝五時に起き、自分の庭でいい空気を吸い、さあ、今日一日頑張るぞと元気にやってきた。一九八〇年代に花開いたバブルの時代は、一日にたとえると、昼ご飯を食べて元気一杯、太陽が真上に来て日差しも強い午後二時ごろか。そう考えると、今は夜明け前の午前四時か五時というところでしょう。

▼暗い室内に閉じこもる

デフレ時代はどうしても財布のヒモは硬くなる。モノが売れない。したがって、またデフレになる、といった悪循環を繰り返す。

今のようにデフレだと、以前はゴルフの高級クラブを二十万円で売り出すとデパートなどでガンガン売れたのに、今では半額出血大セールでも一つも売れない。売れ残るよりはマシと秋葉原に持っていって、ようやく五万円で叩き売った。しかしコストは五万円以上かかっているから大損だ。これでは会社はつぶれるしかない、という悲観的な結果に向かうのです。

世の中は、どんどんそういう方向に進んできた。マンションや住宅の価格が下がって国民が住みやすくなったと能天気なことをいっている政治家や経済評論家は今やさすがにいなくなった。昨日まで百円したものが九十円になっていると喜んでいられない、自分の所得は、もっと減るからだ。お金もないから、早く帰ろうということになる。

「一億総中流時代」と少し前にいわれたが、中流の生活をできる人は激減し、貧富の差が拡大し、貧しい者はより貧しくなるのがデフレ時代の特徴なのです。

人々の生活も大きく様変わりした。「バブルであんなに羽振りのよかった人がねぇ……」こうした陰口をよく聞くが、経済的に実害を受けたことで、精神的にはもっと大きなダメージを受け傷ついてしまっている。アウトドアブームの昨今だが、野外で大きな声を出して走り回るというトレンドにはサヨナラ！暗い室内で静かにじっとするライフスタイルが社会の主流を占めると思います。

実際、キーボードなどを操作するだけで、わずらわしいコミュニケーションがいらないパソコンやビデオには熱中しても、直接、他人と触れ合う対人関係は苦手、といった人が増えているらしいではないか。

また、その延長線上で、新興宗教に自分のよりどころを求めたり、メンタルなものにのめりこんだりする人が増え、ヨガ、易、瞑想療法などが流行る。

▼見えない戦闘機になれ

さて、こうした動乱期を過ごさなければならないサラリーマン処世術についても一言付け加えておきたい。

少ないパイを奪い合う動乱のデフレ時代。ノホホンとしていては生き残れない。いかに的確で有用な情報を手に入れるか。そしてビジネスに活用できるか。巨大企業がグループ化していくように人間集団も組織化されていく。経済版のフリーメイソンクラブ、あるいは華僑的グループなどが生まれ、そのメンバーたちが力を発揮して経済を動かす。その力の源は、政界、官界、マスコミなどに人脈の根を広げ、的確な情報を収集していることです。

こういうグループに入らないと、これからの経済社会のなかでは成功しにくい。情報を得るためにお金を払う。強い人間集団に入るためにお金を払う。公表されない、そうした勉強会、クラブ、サロンをいかに見つけ、自分もメンバーとなるか。これがデフレ戦国時代のサバイバルの第一歩です。

次に敵が見えて己が見えないことがベターです。もともと日本は出る杭は打たれる社会です。そねみ、妬みの世界だから、ターゲットになってはいけない。競争相手のことは潜望鏡で位置を確認、自分は見えない戦闘機になる。そうした行動《ライフスタイル》を身に付けたい。

今いったことをまとめると、①適切な先読み情報が必要だ。②それをキャッチする相互扶助の人間集団に加わりたい。③人間集団のなかではターゲットにならないために見えざる戦闘機になれ。そして、④自分の大局観、歴史観を持てといいたい。

デフレ動乱の時代は九九％の敗者と一％の勝者に別れる。一％の勝者に入る、最大のカギは時代を読み取る能力があるかどうか。

デフレ不況下のいす取りゲームに勝ち残るためには一日のうちに必ず自分の時間を持ち、世の中に対し自分の視点をきちっと持てるようにすべき。「自己の歴史観」を持つ人にだけ、時代は微笑むのです。それがデフレ時代の勝者の条件です。

14 マルチ人間はデフレに強い

▼常識の壁をぶち破れ！

デフレ時代の勝者の条件として、過去の常識やたとえが当てはまらないので、どうしても先見性、変化を読む、変化を先取りするような企業や人間しか成功しない。ですから勝者は少数です。他人がやっていることと同じことをやっていたのでは、間に合わない。勝者は先見性を問われる。しかも、チャンスがやってきたとき、新しいビジネスをすぐできる決断と実行です。今こそ田中角栄みたいな人がいるとおもしろい。決断と実行が決め手となるからです。彼は出てくるのが十年、二十年早かった。今望まれるのは、どちらかというと田中角栄的実行力のあるタイプです。

デフレ転換期に滅びる人は、いつまでもインフレ時代の常識や固定観念をもっているタイプです。ですから固定観念をもつなということになります。新しい時代は、何が成功するか読みきれない部分がある。だから、自分の選択肢を幅広く持つ。そういうなかから次の時代に生き残る事業とかビジネス、あるいはグループ、組織を発見していく。それに乗っかれば大成功疑いなし。それまでに多くの人は倒れていますから。

デフレの次にやってくるのは混沌の時代です。混沌の時代の前半は、デフレ時代の最終局面でもあります。デフレ経済の特徴としていわゆる苛烈な淘汰と弱肉強食の世界になります。倒さなければ倒されるという時代です。企業のなかでも同じ業種で二位や三位や四位の企業が倒れて、トップ企業だけ生き残るという世界です。

古きよき時代のように業界が協調して業界の大手一〇社が生き残るという時代ではもうない。アメリカでＩＴ産業が盛んなころ、ＩＴの勝者は、トップの一つだけが残る。残りは全部だめ。「ウィナーズ・テイク・オール（勝者のひとり勝ち）」といわれましたが、混沌の時代はまさにそういう時代になる。わかりやすくいうとデフレ不況とその延長上にある混沌の時代は、いす取りゲームで、どんどん自分の席がなくなってくる。最後に残った人がその世界のチャンピオンになる。そういうチャンピオンになる戦いの最終局面が混沌の時代でもある。

デフレ時代に勝ち残るためには、何が勝者の条件かというのがわかりにくい時代です。あまり単細胞的な人間には、チャンスがない。私はこういう生き方しかできない、ひとつの考え方、唯一の価値観にこだわる人、誰が何をいおうがこういう価値観だという人は、その他多くの敗者の群れのなかに入ってしまう。

要するに、勤続四十年新日鉄という会社に骨を埋めるのだというタイプは、生き残らない。新日鉄そのものが消滅するかもしれない世の中ですから。だから、むしろマルチタイプの人間、いろいろな要素を抱えている人間がデフレの勝者になる。

人間というのは、どんな人でも多種多様な要素をもっているはずです。それが環境に汚染されて、自分はこういう人間だと思い込んでいる人が多いのです。独善的になりがちです。住友銀行に入社する前、早稲田大学政経学部を出たAさんという人は、いろいろな要素がある魅力的な人間だった。

しかし、住友銀行に入って十年もたてば銀行マン以外の可能性、能力はないと思い込む。そういう教育を受ける。そういう環境に染まってしまう。

早稲田のときに、アメリカンフットボール部のキャプテンをしてあれだけ活躍していたのに、今は顔色もよくないし、元気がない。自宅と住友銀行の錦糸町支店との往復で終わってしまう。住友銀行を一歩外へ出たら何をやる意欲もない。こういう人が、残念ながら戦後の高度成長の、約五、六十年ぐらいのあいだにできあがった。それを打ち破らないといけない。

そんなことはない。一度、住友銀行の外に出れば、カラオケ屋でもレストランでもやれるぐらい人脈はあるというようなマルチナショナルな能力を持つ人間がデフレに強いし、勝ち残るだろう。発想の転換こそ、デフレを勝ち抜く極意です。

本書では一度すべてを捨ててみろといいましたが、そういう発想の転換が必要です。早くそれをやる。これは単にベンチャーになれということではない。冒険、リスクを取れという意味ではないのです。前述のように、黙っていてもリスクを取らざるを得ない。ベンチャーというか、チャレンジ精神、冒険主義をもってないと勝ち残らないと思います。

ごくふつうの人でも、多様な（マルチ）能力をみんな内包している。それを育てること、引き出すことです。過去半世紀の常識の壁を打ち破ろうというのが、マルチ人間なのです。いわゆるメンタルな自己改造をやらないといけない。

もう一方で、デフレの時代はメンタルだけではだめです。一人ひとりがプロ野球の選手のようなライフスタイル、人生観を持つ。いくらいろいろな可能性を見いだしたとしても体がついていかないとだめです。デフレの時代こそ自己の健康管理、体力を養成する。三十歳の人は二十代の筋力パワーをもつ。四十代、五十代の人は三十代の若さを保つ。体力の増強。男性といえどもおしゃれや美容に注意する。

逆は、四十代なのに五十代の体力しかない。見ただけで老化現象が進行している。髪はバサバサ。顔色はどす黒い。こういう人は見ただけでデフレ時代の敗者になる。

インフレ時代の一九八〇年代までは、大和証券の営業マンや住友銀行の支店次長のような仕事をやっていた人々は、集団のなかで、序列を上げることができた。今はそういうことはない。どんな大組織でも各個人の能力が問われる時代です。

ですから、マルチ人間は、単にメンタルだけではなく、フィジカルにも多様性をもった人です。サラリーマンだったらサラリーマンらしくない人間です。

前の時代は、よりサラリーマンらしい人間が要求された。今や大組織から独立し、サラリーマンらしくない自己改造が求められる。

大事なことは、自分の能力開発に時間を使う。何もできないサラリーマンより、ピアノがすごく弾ける人、ダンスが踊れる人、スポーツができる人、何でもいいですが、得意技を持っている人はデフレに強い。

デフレを勝ち抜くための鉄則は、まず知的な多種多様な能力を開発する。二番目は、体力に自信を持つ。あるいはいつまでも若さをキープする。そのためにお金と時間をかける。三番目にデフレ時代に求められるのは、ファイティング・スピリットです。つねに挑戦する気持ちです。

インフレ時代は、挑戦する気持ちは逆にマイナスになった。企業のなかで突出すると、あいつは序列を乱すやつだと、大組織ではものすごくいやがられます。出世が遅れる。下手すると上司ににらまれて子会社に飛ばされる。

今はそういう時代ではない。つねにファイティング・スピリット、あるいはアメリカ人のもっているフロンティア・スピリットを持つ。挑戦意識、開拓者魂を持つ。チャンスがあればいつでも会社なんかやめてやる。

たとえば一本立ちして作家になる。「社長、すみませんが、きょうで会社を辞めます、明日からハードボイルド小説の作家になります」そういう人が求められる。つねに状況打開です。

今自分に与えられた環境、自分のいる生活環境をつねに打開する。新境地を開く。そのようなスピリットをもつ人が、デフレ時代に強い人間です。一言でいうと、開きなおれる人間が強いのではないか。

15 デフレ時代にツキを呼ぶ方法
――幸運を呼ぶ十カ条

▼先天的な運と後天的な運

最後にデフレ時代を勝ち抜く人間の条件として、体力的に、精神的に自己改造を続けられる人ということになります。そして、挑戦意識、ファイティング・スピリットを持つことです。それに加えて、デフレの時代には、運がよくないとだめです。

どういうことか具体例をあげますと、戦国時代がいちばんわかりやすい。どんなに能力があって智略に長けて武芸に秀でても、戦国時代の武将は、戦場で手柄を立てないと昇進しません。

NHKの大河ドラマ「利家とまつ」というテレビ番組を見ているとわかる。木下藤吉郎や前田利家は能力プラス運が良かった。しかし、運のない人は、最初の戦いで足軽の放った矢や鉄砲に当たって、大将といえども討ち死にしてしまう。運のある人は、戦場を駆けめぐっていても不思議とタマに当たらない。タマに当たったらこわいなと思って後ろのほうにいても、タマに当たる人は当たる。これは一体何か。やはり人間には、先天性と後天性の両方合わせたツキがある、運がある。

デフレの終わりが近づけば近づくほど戦国のような世の中になる。平成・応仁の乱の時代がやってくる。デフレ大不況の時代とは、一言でいえば、混沌の時代です。混沌の時代には、自分にツキがないといけない。デフレ時代に生きるためにツキのある人間でないといけない。

運とツキというと、生まれながらにして運のいい人がいる。だから、どうしょうもないという人が多いと思う。私はそうは思わない。ツキはかなりの努力で呼ぶことができる。運とかツキは、先天的なもの一〇%、後天的なもの九〇%。

といいますのは、どんなに恵まれた環境に生まれ、大富豪に生まれても、後天的に運のない人は没落していく。ふつうは、大臣とか富豪の家に生まれれば、その人も成功するはずです。でも、運のない人は、事業に失敗したり、人に騙されたり、事件に巻き込まれたりする。恵まれた環境に生まれたという自分の先天的な運は、一〇%とか二〇%です。おそらく八割、九割以上は後天的な運です。後天的な運さえよければ、運のいい人生を送れる。後天的な運とは多分に自己改造と関係があります。

人はどういう家に生まれるかは選べないのです。だから先天的な運の一〇％や二〇％、三〇％あるかもしれない。そういう先天的な運は神さまに任せる。しかし、後天的な運を呼ぶことはできる。

これが私のツキを呼ぶということです。とくにインフレ時代は、それほど自分の運を意識しなくてもよかった。なぜかというと、インフレ時代は、どこかの組織に属していると、たまたま有能で運のいい人が自分のチームの近くにいたら、その人の後ろを歩いていればみんなうまくいった時代です。ところが、今は個々の勝負です。山田さん、中村さん、林さん、一人ひとりの能力とツキのある、なしが勝者と敗者の分かれ目になる。

前田利家の生きた戦国時代は、棚からボタ餅で加賀百万石になってない。前田利家はそれだけの戦功をあげている。木下藤吉郎の一夜城が良い例です。一人ひとりの能力が問われる。自分に運と実力がなければ、この平成戦国時代は勝ち抜くことができない。運のない人はいきなりデフレ不況の矢玉に当たって、失業したり、自殺するようなことになる。

私はデフレ大不況がやってくる前から、証券界という戦場にいた。証券界というのは、一寸先は闇といわれる。運がないと矢玉に当たる。昔から厳しい社会です。ウォール街、兜町は生き馬の目を抜く社会です。もともと運がないといけないという意識をもっている。だから若いときからツキを呼ぶ努力をしている。

まず先天的なツキから考えると、どんな家に生まれても、自分が生まれてきた環境をぼやく人がいる。あるいは自分を育ててくれた両親に感謝しない人がいる。そういう人たちはどんなにいい家に生まれても、先天的なツキは呼べない。大金持ちの家に生まれた息子でも、スポーツカーを買ってくれというとママが断った。それで両親の枕を蹴飛ばしているような息子は、必ず運が落ちる。どんな環境に生まれても、先天的な運をよくするためには、自分の環境をぼやいたりしないこと。そして育ててくれた両親に感謝する。そういうことを心がければ先天的な運を伸ばしてゆくことができる。

木下藤吉郎は、赤貧の家に生まれても、お母さんをすごく大事にした。大名の家に生まれても、自分の両親を恨んだり、策謀を用いて二代目を継ごうとする。そういうタイプの人は先天的な運が落ちる。

先天的な運をよくするコツは、必ず今の自分の環境に感謝すること。たとえば教育だって、自分の家は貧乏で高校しか出られない人がいるかもしれない。高卒だった人が、百人のうちの九十人が、親父は甲斐性がないから、おれは高校しか行けなかったと思うはずです。こう思った時点でその人は先天的なツキを失っている。

反対に、貧しいなかで高校までよく行かせてくれたと思う人が、百人に一人いると、この人は出世していく。先天運を生かしている。大学を出ている人でも三流の私立大学しか出なかった、とぼやく人。おれの親友の山田君は東大を出ている、あたりまえだ、両親も東大だ、と他人のせいにする人。そういう人はツキがない。東大を出ても不運な人がいることを忘れてはならない。どこの大学を出ようが感謝すること。それを第一歩に頑張ろうという人には先天的な運が輝く。

現在の自分の環境をつくってくれた両親や先祖に感謝する。年に一度は先祖や両親の墓参りをするぐらいの気持ちをもたなければ、先天的な運は輝かない。先祖の墓に十年も参ってないという人にはツキがない。

さて、九〇％を占める後天的な運についてですが、まず運をよくする第一は、朝早く起きること。

昔から「早起きは三文の得」という格言がある。昔話や格言というのは後天運をよくするための法則、定石、決まりを教えているのです。格言が残っているのは、それが役に立ったから。相場の世界でも、多くの格言が残っています。

江戸時代の本間宗久という山形県酒田市に生まれた相場の名人がいる。その人が残した格言はいまも伝わっている。格言や定石には長い歴史がある。それは人々に勝利や成功を導くことに役立ってきたのです。だから、それを知っている人が後天運を呼ぶ。

世の中の格言や昔話は、多くの人が、学校時代のただの勉強と思ってすっかり忘れて、自分の生活のなかに取り入れていない。人間は忘れる動物で、反復しないと忘れてしまう。「早起きは三文の得」は、小学校か中学校のときに習った諺です。中国の春秋戦国の兵法家・孫子も何千年も前に「朝の気が大事である」といっている。朝の早起きは後天運を呼ぶ。だから早朝に弱い人はだめです。

ですから、夜遅い商売をやって、昼頃起きてくる人は、いくらお金が儲かっていても運気はよくありません。銀座のナンバーワンのホステスでも、成功しているクラブのママでも早めにやめた人は大成功します。健康とお金の両方を手にすることができるからです。朝早く起きるのは、ツキを呼ぶのです。

成功のための十カ条。幸せになるための十カ条。ツキを呼ぶ十カ条。なんでもいいですが、その一つ目に朝早く起きる。爽やかな気持ちで一日を過ごす。これが、運がよくなる、ツキを呼ぶ一つ目です。なんでも出発が大事です。よく、「はじめよければ終わりよし」といいますが、何事もそうです。

われわれ人間の出発点は何かというと起床です。朝起きるところが出発です。朝気持ちよく起きて、爽やかなスタートをするということの積み重ねがツキを呼ぶ。

反対に、朝起きたら頭が痛い。これはツキが落ちている。前の日、朝の二時まで六本木で飲んでいた。これではどんどんツキが落ちる。ツキが落ちたらどうなるか。朝、寝すごすぐらいだから、会社に行ったら上司に怒鳴られる。そうすると一日中閃かない。仕事でミスをする。連鎖反応でどんどん悪い方向へ行く。それを一〇回もやっていると、上司から呼ばれて、君は明日からこなくていいよ、ということになる。

あるいは朝起きて、結婚している人なら、ニッコリ奥さんにおはようといって、おいしく食べる。朝ご飯を奥さんが自分より早く起きてつくってくれているから、感謝の気持ちでどんなものが出てもおいしく食べられる。にっこりしているのはツキを呼ぶ。こんなまずい朝飯食べられないといって茶碗をぶつけているようじゃツキが落ちる。

次に上げたいのは欲張らないこと。こぶとりじいさんの話です。あれはものすごくわかりやすい。隣のじいさんが土のなかを掘ったら宝がザクザク。そこで自分も宝ものがほしいといって、隣の人の何倍もほしいという気持ちで掘って包みを開けたら、鬼がいっぱい出てきて、宝物の代わりにこぶが二つになったという話です。

これと同じで、欲張りはツキを落とす。欲張らないのがツキを呼ぶ。なぜ欲張るとツキが落ちるのかというと、自分の能力以上のことをする人間になる。せいぜい部長どまりだけど、社長になりたい。そこで、自分の能力以上のことをする。権謀術数、他人の足を引っ張る。そういう行為が自分の運気をなくす。最終的にそれがわかって会社にいられなくなるとか、あるいは犯罪に走る。欲張ると自分の能力を超える動きになる。それは結局、自分のツキをなくす。

たとえば、新幹線を降りようとすると先に急いで降りたい人がいる。なんだ、順番でこちらが先に降りるんだとケンカする。そうすると相手が怒って、後ろから蹴飛ばされてホームに落ちる。これに近いケースがいっぱいある。急ぐ人がいたら、どうぞ、どうぞ、先に降りてください、私は休憩してから行きますという気持ちがツキを呼ぶ。なかなか人間はそういうことをしない。道を歩いていて、わかりますが、あわてて信号を走っている人、みんなツキがない人です。

二、三日前のスポーツ紙で見ましたが、サッカーリーグの選手が、大阪の路上で殴られた。ツキが大落ちです。たぶんケンカでしょう。人と争うことが一番ツキをなくす。ささいなことです。謝ったらいい。命をなくすかどうかの分かれ目になる。もし命をなくさなくても二度とサッカーの試合ができない。そこで謝れるのは、余裕がある証拠です。ゆとりの気持ちをもつことが、ツキを呼ぶことにつながります。

心にグッド・スマイルをもつ。余裕をもつ。余裕のない人、ツキのない人は、顔を見ただけでわかります。つねにいらいらして、すぐつっかかってくる、青筋立てて。そういう人はツキが落ちます。ツキを呼ぶためには、鏡を見てニッコリする練習をしたほうがいい。アッハハと笑う運動をしている人がいますが、それも同じ理屈です。

ツキを呼ぶもう一つ大事なことは、自分の周囲を見て、ツキのありそうな人とツキのなさそうな人がわかること。こういう視点で見ていたら、ごく自然にわかります。ツキのなさそうな人は、今みたいな人です。話すとつっかかってきたり、会議で反対の意見を述べるとすぐに怒るとか、みんなツキのない人です。余裕がない。心にスマイルがない。

一方でつねに余裕がある。相談に行くといいアドバイスをしてくれる。とくに余裕がある人は、大体他人のために働く。あるいは利害を度外視して人助けをする。一日一善という言葉があります。一日一つよいことをしましょうぐらいの気持ちをもっている人は、ツキを呼ぶ。周りの人に好かれる。大体ツキを呼ぶ人は、周りの人に好かれる。世間では多くの人から好かれた人が偉くなっている。あの人の顔を見たくないという人は、大体ダメです。だからツキのある人とできるだけ付き合っていればいい。どう見たってツキがないという人に近づかないようにすることです。

最後にツキを呼ぶコツについては、身近にいくらでも努力すれば、自分のツキがよくなることはいっぱいあります。いちばん注意することは、世の中というのは、はじまりが大切です。週の初めとか一年でいえば一月とか、そういうときに、何をするか、今年は何をするか。

よく書き初めで小さいときに書いたでしょう。今年一年私のやることとか。出発点を意識して目標設定する。一日の目標、一週間の目標、一カ月の目標、一年の目標をしっかりもって、その方向に沿って時間を有効に使う。そして健康管理をしている人が成功する。デフレの時代は一人ひとりのプロ意識が問われます。

もう一つツキを呼ぶ話ですが、人間というのは、調子のいい人でも上り下りがある。だれでもそうです。株価と同じでずっと上昇の人はいないのです。誰でも、業績のいい企業でもそうです。上り調子のときと下り調子のときがある。それは人生においても同じです。

極端なことをいうと一日のうちでもある。朝起きたとき爽やかでも、お昼御飯にカレーを食べ過ぎて午後には調子が悪くなる。一日でも上がり下がりのリズムがある。

人生の上り下り、上昇期、下降期があるという意識をもつ。意識をもったらどういうことになるか。調子がいいときは、残業でもするかとなる。調子の悪いときに残業をしたらだめです。スポーツでも、押せ押せで調子のいいときは攻撃、オフェンスに重点を置く、下りだなというときは脇を固める。むしろ失点を防ぐ。これは何も調子が悪いときに悲観的になれということではないのです。調子が悪いときには、次の上り調子、攻撃に備えて大きな失点を招かないように脇を締めて、次の攻撃チャンスに意欲的に備える。上り調子のときは、調子よくどんどん押せ押せだけれども、逆に脇が甘くなるのでやり過ぎにならないように心がける。調子のいいときほどエンジン・ブレーキが必要です。

過去の有名人、歴史上の人物はそういうことをいっています。たとえば西郷隆盛は、「得意冷然失意泰然」調子のいいときはクールに。悪いときは悲観的にならないで悠然とする。次に備えて攻撃的な気持ちをもつ。しかし、守備をしっかりやる。人生の上り下りを知って、自分でスピード・コントロールするような気持ちが大事です。

いちばん悪いのは逆に、下りのときにさらに悲観すること。自分の安値を切り下げる。こういうタイプはよくない。次によくないのは、上り調子のときにむちゃくちゃ熱くなって調子に乗ってガンガンやる。この両方がよくない。上り調子のときは、できるだけ今の調子を長く持続させるためにエンジン・ブレーキ。下り調子のときは、早く下りのトレンドを上昇させるために意欲的になる。こういうことによって自分の運やツキをコントロールできると私は思っています。

▼ツキを呼ぶ方法

将棋の元名人、米長邦雄さんとの対談で、一番印象に残ったことは、たとえば将棋の棋士のようなプロの勝負師の能力はほとんど変わらないということです。理論に関しては、一二〇%、プロは勉強しきっている。

それなのになぜ、勝者と敗者が生まれるか。

米長さんは「勝負師の能力はそれぞれ紙一重だ。勝つ方には運がある。負ける方には運がない」と指摘された。

では、運をつかむにはどうすればいいか。どうすれば自分にやってくるのか。

彼は「カミさんだ」と。「自分の奥さんがニッコリしている間は大丈夫だ」と言い切る。

もう一つ、米長さんの話のなかで面白かったのは、勝負に負けたときの過ごし方です。

「勝負に負けたときにすぐ家に帰って棋譜を並べて勉強するのはダメだ」ということです。そういう棋士は強くなれない。負けたときは将棋のことを忘れて、気分転換するような人物でないと、運がよくならない。勝負に負けるようなときは運がない。幸運の女神が自分に来てないんだと。

米長さんいわく、自分の一番身近にいる〝幸運の女神〟は、結婚している人なら奥さん、独身なら恋人だと。

勝負師に限らず、サラリーマンでも実業家でも事業、仕事に失敗して困っているときにアドバイスしてくれるのは、誰か他の人である。自分で解決策をみつけるのは、よほどの天才以外、難しい。

どんな立志伝を読んでも、成功した人は必ずいいアドバイザーをもっている。

だから、米長さんのいう、「運の強い人には女神が微笑む」「どういう人が運がよくなるかはカミさんの顔を見ていればいい」というのは、奥さんを含め、その人に運のいい人生のアドバイザーがいるかどうかということ、と私は解釈しています。

勝負に勝つためには運がよくないといけない。人生や仕事で成功するためには運を呼ばないといけない。そのうえでの重要なポイントがいいアドバイザーです。いい妻、いい恋人、いい友人をもっているかどうか。

変な友だちをもっていたら、「お金貸してくれない」とか、変な人に紹介されてトラブルになるだけです。トラブルというのは、動物が持ってくるんじゃない。猫や犬をいくらかわいがってもトラブルにならない。せいぜいおしっこをかけられるぐらい。人間がトラブルを持ってくる。人間が幸運も運んでくる。そこがポイントです。そういうことに気づいてない人が多い。

米長さんは勝負に負けたときは将棋の駒を一切並べないで、行きつけのお気に入りの飲み屋に行って、おいしいお酒を気持ち良く飲んで帰る、と何かの著書で読んだことがあります。

さて、みなさんはどうしていますか？

▼宝くじでは幸運は買えない

誰だって、幸せな人生を送りたい。毎日、快適に過ごしたい。だが、そのためのノウハウ、技術をあなたは知っているか。ただ、何となく幸せにならないかな、社長になれたらいいなと思っているだけでは、当たらない宝くじを持っているようなものです。

宝くじの場合、人によってはよく当たる店に買いに行ったりするが、せいぜいその程度の努力です。しょせん、宝くじでは幸せは呼べません。

自助努力で幸運を呼び込む方法はある。これまでに日本経済新聞で連載している「私の履歴書」をはじめ政財界人のサクセスストーリーを読むと、人生行路のなかで、ある共通項があることに気づいた。それを私流にまとめたのが、題して「幸せになるための十カ条」あるいは「幸運を呼ぶ十カ条」といっても良い。

デフレを勝ち抜くためには知恵と運が必要です。知恵は頭の技術（ハード）であり、運は心の情報（ソフト）である。ここではいかにして幸運を引き寄せてデフレ時代の勝ち組となるか。

▼スガシタ流「幸運を呼ぶ十カ条」

第一条「運のいい人と付き合え」

成功した人は、ある時期に自分を引っ張りあげてくれる有力な先輩、友人に恵まれている。将来の道を開いてくれる、あるいはピンチのときにいい相談役になってくれる、そうした人と出会っているのです。

道を切り開いてくれる人と出会うことが、幸福への最短距離です。では、どうしたら、運のいい人と出会えるか、付き合えるのか。

それには自分自身の人間としての魅力を高めるしかない。

子どもの世界では運は平等だと思う。子どもの未来は一〇〇％、「末は博士か大臣か」はたまた、タレントにでも社長にでもなれる可能性を全員もっている。

だから、みんな明るい顔して走っているわけです。ところが、会社に勤めて三十歳にでもなったら、未来は見えてくる。非常に明るい未来を描ける生活をしている人、日々いい環境で暮らしている人は、表情が明るい。上司にも認められ、昇進もする。いい女性と出会えて結婚もする。アップトレンドといえる。

逆に暗い表情の人は、上司に睨まれ、子会社に飛ばされ、飲みに行ったら財布を盗まれる。どんな美人でも朝からつまらなさそうな表情をしていたり、だらしない服装をしていたりすると、幸運は訪れない。ダウントレンドに落ち込んでしまう。

自分の運がよくなるためには、常に明るい表情ができるような、生活の積み重ねができるかどうか。男であれ女であれ魅力的な人間になること。そうすると、不思議にいい人が周りに集まってくる。

運のいい人は、そういう生活を積み重ねてきた人です。そして運のいい人と付き合っていると、自分の運もよくなるわけです。

第二条「さわやかな気持ちで一日を過ごそう」

とくに朝の気が大事です。何でもそうだが、出発点は大事にしないといけない。

「一年の計は元旦にあり」という言葉も、ただ何となくいっているわけではない。いにしえの人が貴重な人生の法則として残したものです。

だから、一月は他の月とは違う。間違っても交通事故を起こしたり、餅を食べ過ぎておなかを痛くするようではダメ。

自分の幸運を祈るということは年の初めに「幸運の自己暗示」をかけるようなものです。元旦は身を引き締めて過ごすべきです。初詣も友達と遊びに行くような気分ではいけません。霊験あらたかになるために詣でるのです。

一日の出発点は朝です。朝食のおかずがまずいからといって奥さんに文句をいったりすると、ツキの落ち始めとなる。腹を立てていすをけっ飛ばしたりしたら、もっと悪い。

奥さんは朝食をつくるために、少なくとも自分より早く起きているわけだから、どんな朝食であろうとも「朝早く起きてつくってくれてありがとう」と感謝しないといけない。会社に出かけるときに奥さんに不機嫌な顔で見送られるのではツキが落ちる。

朝元気が出るような音楽でも聴いて出かけるのもいいでしょう。

第三条は「感謝の気持ちを持つ」

運のいい人が周りに集まってくるためには、もう一つ、人に接触したときに好感を持たれないといけない。いくら運のいい人に出会っても、「感じの悪いヤツだな」と思われたら、せっかくの運が逃げてしまう。

人と会ったときは「お忙しいなか、よく会ってくださいました」お茶一杯ごちそうになっても

「ありがとうございました」常に感謝の心を忘れないようにすると、以心伝心で相手にも好感を持たれる。

この逆が常に自己中心的な考えの人です。約束の時間に遅れても平気だし、人にごちそうになっても「なーんだ、たかがコーヒー一杯じゃないか」これでは好感を持たれるはずがない。

両親、家族、友人、ビジネスパートナー、恋人、部下、同僚……。周りの人たちに常に感謝の気持ちを持つことが自分の幸福につながるのです。

社会は多数の人によって構成されているから、和が大事になる。和が広がると、楽しい雰囲気、幸せな気持ちに包まれる。逆に、和を損なって嫌がられたり、村八分にされたら楽しいわけがない。これは別に人にお世辞をいえ、迎合しろといいたいわけではありません。心のなかで隣人に感謝の気持ちを持っていると和が得られるといいたいのです。

友人に対しては「信頼」

友人を疑うことは、それだけで即、運気が落ちる。友人なら信頼せよ。信頼できない人なら付き合うな。

ビジネスパートナーなら「信義を重んじる」

「いわない三原則」というのもある。ウソをいわない、悪口をいわない、不平《ボヤキ》をいわない。

デフレ不況の困難な時代だからこそ、いかに過ごすか、心構えに気を付けたい。

自分の周囲に、いい和が広がれば、不意の危険からも未然に逃れることができるのです。

第四条「約束を守る」

人間社会でもっとも重要なことの一つは信用だと思います。

「こいつは信用できる」「あいつは信用できない」

「信用」という二文字は人間の価値を計る尺度となっています。

信用される存在にならないと運は上昇しない。もちろん幸せにもなれない。信用の一番の基礎は約束を守ることです。どんな小さな約束でも破らないこと。待ち合わせの時間にはきっちり来る。

お金を返さないのは、一番信用を失います。信用社会では一人前の人間として扱われない。自己破産は、最悪です。

だが、とんでもないことに「自己破産のススメ」みたいなことがいわれています。このこと自体、日本が亡国トレンドに入っていることの証拠といえましょう。

第五条「欲張らない」

相場の世界にいると、一番難しいのがこれです。儲けたい欲望に駆られて株を買う。暴落すると、これ以上損をしたくないという恐怖で売る。欲望には限りがない。欲張るほどに自分の運気は落ちるのです。

事業に意欲を持ったり、仕事を熱心にするのはいいが、社会的に大混乱するような欲望にまでに発展することもある。金融機関を揺るがす不良債権が、ここまで抜き差しならない金額になったのが、その例です。不動産、株、ゴルフ会員権が上がると聞かされ、欲の皮が突っ張った結果が全部回収不能になってしまった。

いかにして自分の欲望を抑え、コントロールするのか。バブル時代には欲張ったがために、不幸になった人がゴマンといる。

田中角栄元首相の秘書だった評論家の早坂茂三さんが著書のなかで「女とお金は追いかけると逃げる」といっていますが、けだし名言です。

男の欲望のなかで強いのが、金儲けの欲望、女性にモテたい欲望、そして食欲。食べ物は逃げないが、たくさん食べていると早死にする。金儲けに走ると、経済革命倶楽部（ＫＫＣ）やオレンジ共済組合などのようなところに預けて損をする。

最近も、投資家をだまして資金を集める事件が相次いでいます。いまだに幼稚な宣伝に乗せられて、よくわかりもせずに大金を預ける人がいること自体が不思議ですが、いかに欲張るなということが、「言うは易く、行うは難し」かを証明しています。

第六条「目標、志を持て」

成功した政財界人の立志伝を読むと、必ず目標を設定している。

私の聞いたところでは、田中元首相や中曽根康弘元首相らは、常にどの年次で何になるかという目標を定め、それに向かって突き進んだという。

たとえば十年で通産大臣、二十年で幹事長、三十年で首相になる、といったように。

「念ずれば花開く」という言葉もある。「人より三倍働いて社長になる」「新事業を興してベンチャーのトップになるんだ」と志を持っている人と、ただ何となく「いい会社に入れたからいいや」「帰る時間がきたから友達とボーリングにでも行こう」としか考えてない人と比べたら、十年くらい経つと強烈な差がついているはずです。

第七条「人のために働く」

もしも仕事が順調にいったら、自分がよくやったからだと自己の成果を誇示したくなる。一方で、周りの者が愚かに見えてくる。これは、能力のある人が陥りやすいワナです。

自信過剰で鼻持ちならないヤツになると、会社という共同体のなかで孤立し、職場で浮き上がってしまいかねない。

成功すればするほど、自分の成功は周りの人たちのおかげなんだという気持ちを持つこと。会社では、部下を育ててあげようとの気持ち、上司に対しては「この上司に偉くなってもらいたい」との気持ちで働こう。一〇〇%、そうした気持ちを持つのは難しいかもしれませんが、一〇%だけでも、そうした気持ちを持つと相当違うはずです。

人間の心理としては自分が一番かわいい。仕事で成功したら、自分の手柄だと誇りたくなるのも当然です。もっと能力のある上司に恵まれていればなあ……というケースも、世の中にはゴマンとある。

しかし、そうした気持ちでは幸せはやってこない。赤ちょうちんで「あれはダメ」「これは馬鹿」と上司や部下の悪口を言い、ウサを晴らす人を見かけますが、そんなことをしていたのでは自分の運気上昇につながらない。幸福の女神は微笑まないのです。

上司が嫌なヤツで気が合わない、無能な上司とぶつかった、私はこんなに能力があるのに、この馬鹿……と思っているとフラストレーションがたまるばかりです。それはイコール、運気が日々下降していることを現しています。

第八条「人生の上り、下りを知れ」

この本でずっといってきたように、人間社会には必ずトレンドがある。世の中全体の上り、下り。自分自身の上り、下りもある。自分の運気が下りのときに、仕事を増やしたり、新しい仕事にチャレンジしたりするような目標設定には無理がある。

そして、何度もいっているように、運勢のチェックポイントの一つは健康状態です。さらに職場での環境や家族の状況が良好であれば運気は上昇している。

反対に、朝起きて体調がすぐれない、家族の誰かが風邪をひいている、奥さんが病気がち、職場で上司とうまくいかない……というのは下降期の兆候です。

こういうときは、発展・拡大ではなく、足元を固め原点に戻ること。そして流れが変わるのをじっと待つべきです。

第九条「ロマンチックに過ごそう」

成功の秘訣の根源は何かというと、日々楽しく過ごせるかどうかです。

お金持ちは、単に経済的に恵まれているというだけであって、必ずしも毎日愉快に過ごせるかどうかはわからない。

楽しく過ごすためには何が大事か。それは夢を持つことだと思います。

「豪華客船で世界一周旅行したい」「高級レストランのオーナーになりたい」「海外に住みたい」何でもいい。

夢を持つためには、いわゆる仕事人間ではダメです。心にゆとりがないといけない。

中国の古い言葉に「釣月耕雲」というのがある。昼間は太陽の下で畑を耕し、夜は月の明かりの下で魚を釣るという意味です。こうした悠々とした気持ちが大切なのです。

第十条「グッドスマイル（いつも心に笑顔を）」

人生、いつも楽しいことばかりではない。肉親の死、仕事の失敗や左遷に直面する場合もある。そんなとき、笑えといっても笑えない。

人間、三十歳や四十歳にもなれば、過去にそうした辛い経験の一つや二つはあったはずです。だが、そうしたときに絶望的にならずに、「グッドスマイル」を持つことが幸せになるためのカギです。

デフレ不況で苦しいといっても、それが永遠に続くわけではない。次にやってくるビッグチャンスの時代の出発点だと思えばいい。両親の死にも、いずれは出会わなければならない。仕事に失敗したからといって命まで失うわけではないのですから。

あらゆる人間が出会うであろう難局を乗り越えていくことが大きな幸せにつながる。自分のサクセスストーリーを生み出すのです。

もう一度、繰り返します。「グッドスマイル（心に笑顔を）」

最後にひと言――。

とにかく自分はツイている、幸運を呼ぶ男（女）だと、つねに自分に呼びかけましょう！

これがデフレを勝ち抜くための鉄則中の鉄則です。

【参考文献】

『円の支配者』リチャード・A・ヴェルナー著、草思社
『壊される日本「心」の文明の危機』馬野周二著、プレジデント社
『欣求楽市』堺屋太一著、毎日新聞社
『坂の上の雲』司馬遼太郎著、文藝春秋
『「次」はこうなる』堺屋太一著、講談社
『治乱興亡の人間学』守屋洋著、プレジデント社
『天と地と』海音寺潮五郎著、角川書店
『中国武将の智略』守屋洋著、ＰＨＰ研究所
『峠』司馬遼太郎著、新潮文庫
『ドルの復活　円の失速』若林栄四著、ダイヤモンド社
『なぜ日本は没落するか』森嶋通夫著、岩波書店
『日本経済　生か死かの選択』リチャード・クー著、徳間書店
『日本の大チャンス』ピーター・タスカ著、講談社
『日本はまだまだ捨てたものじゃない』渡辺喜美著、徳間書店
『宮本武蔵』吉川英治著、講談社文庫
『明治の気概　日本海海戦の証言』戸川幸夫著、光人社
『目覚めよ！日本　ニューエコノミーへの変革』中前忠、ヘイミシュ・マクレイ共著、日本経済新聞社
『悠久の軍略』高尾義政著、菜根出版

デフレを勝ち抜く15の鉄則

2002年4月30日第1版第1刷発行

著者――――菅下清廣

発行者―――村田博文

発行所―――株式会社財界研究所

［住所］〒100－0014東京都千代田区永田町2－14－3赤坂東急ビル11階

［電話］03－3581－6771［FAX］03－3581－6777

【関西支社】〒530－0047大阪市北区西天満4－4－12近藤ビル

［電話］06－6364－5930［FAX］06－6364－2357

［郵便振替］00180－3－171789

［URL］http://www.zaikai.jp

装丁・本文デザイン―中山デザイン事務所

印刷・製本――――図書印刷株式会社

ISBN4-87932-023-4　定価はカバーに印刷しております。

付録

どうなる日本経済と株価

［三つのシナリオ］

▼現状の分析――「淘汰と新生の時代」

私は今年の初めに二〇〇二年は「淘汰と新生」の年になると予測しました。つまり、体力のない企業は倒産し、新しい成長力のある企業が生まれる年になると言ったわけですが、政府は体力のない企業を無理やり存続させ、構造改革を先送りにしており、今の経済状況はまさに「混沌」と言えるでしょう。

さて、今後の構造改革と日本経済の行方はどうなるかという予想ですが、私はＡＢＣの三つのシナリオが考えられると思います。まずＡは最も現実的な、いちばんありそうなシナリオです。政権発足からほぼ一年が経過して、小泉政権は多くの改革を先送り、もしくは改革達成は困難だということをほぼ認識しています。田中真紀子前外務大臣を更迭したあたりから政治改革を断念し、あの時点で抵抗勢力と妥協した。野上義二外務事務次官と一緒に更迭したということは官僚とも妥協したし、真紀子さんを切ったことは橋本派とも妥協した。要するにあの頃から改革はほぼ断念したものと思われます。

そこで政権浮揚のために、今は経済敗戦の終戦処理に入った。これがデフレ不況対策です。小泉政権の二年目にあたる二〇〇二年は、小泉政権がはたして効果的なデフレ不況対策を打ってデフレを終わらせることができるかどうかの一点に絞られてくる。小泉首相が内閣支持率の大幅な低下に直面しているので、政権維持のためにはどうしても支持率を上げたい。これがデフレ対策の一つの大きな理由です。

もう一つは、米国がＩＴバブル破裂、大規模テロの発生から景気後退期に入った。これを何とか早く終わらせて景気回復させようと、米国は異例の超低金利政策、大幅減税というカンフル注射を打っていますが、内心アメリカも心配している。そのため、米国側からも早くデフレを終わらせて景気を軌道にのせろという要求がある。

今の小泉首相は、米国の支持が政権のバックボーンでもある。だから小泉政権を維持していくための支えは、高い内閣の支持率と強固な日米関係の二つに尽きるわけです。その両方の要件を満たすためにも、小泉政権はまず経済改革の柱である国債発行額の抑制、三十兆円ということを実質的に放棄し、景気配慮型の政策に転換してゆく。

二番目の不良債権処理についても、大胆に外科的に処理するという決断ができない。大口の債務者については時間をかけてじっくりやるという考え方です。ドラスティックにやると銀行が潰れるという危機が、ダイエー問題を契機に浮上した。金融危機発生の懸念です。

ですから、不良債権処理については巨額なものは封印し、問題先送りの姿勢をとった。だから、ゾンビ企業、生き残れない企業を支えるような政策が続く。青木建設を去年の年末に潰して、小泉さんが改革が進んでいる証拠だといったことを批判されたことから、改革は頓挫した。彼がいったとおり、巨額の債務を抱えた再起不能企業は潰さないといけない。しかし、説明能力が十分にはないから批判される。ダイエーを潰すことが大多数の国民の幸福につながるのだと説明すれば国民は納得します。しかもダイエーの従業員に対しても、採算性の良い事業部門や店舗を再統合してニューダイエーを立ち上げて、雇用のセーフティーネットを張る。つまり、一度死んで生きかえるスキームをやります、と説明すればわかるけれども、そういう説明がない。

▼今後の予測
――「不安心理」と「政策への期待」の強弱感が対立し一進一退

●Aシナリオの場合

そういうことから、Aシナリオは、構造改革を大胆に進めるという旗を実質的に下ろしてデフレ対策中心、つまり景気配慮型の政策になる。早急にデフレスパイラルは止めないといけないというので、付焼き刃的に株価対策あるいは土地対策、減税案を矢継ぎ早にこれから出していくということになる。

しかし、これは今年末になって振り返ると、あるいは二〇〇三年三月頃になって振り返ると、どれも彌縫策（びほうさく）で、根本的なデフレ終息の対策にはならなかったという結論が出るであろうと予測します。そのため、小泉政権は今年の年末に向かって次第に政権自体がじり貧になり、改革は失速する。

以上のことから、とりあえずこの三月決算では大口の債権債務、不良債権を封印して問題先送りにする。なおかつ付焼き刃的なデフレ対策、あるいは株価対策を出すことによって当面の危機を凌ぐ。つまり、危機先送りとなる。

そういうことから三月危機が去った。株価対策として空売りを禁止など当面のデフレ対策によって株価はリバウンドする。期末、あるいは四月ぐらいまでに株価が戻り、調子が良くなる。小泉首相は人気挽回のために、竹中平蔵経済財政政策担当大臣を使って、下手な鉄砲も数打てば当たるというぐあいに第二次、第三次のデフレ対策を打ち出してゆく。そして年後半から来年にかけて、矢折れ刀尽きて小泉政権は終わるというのがAシナリオです。

その場合の株価は昨年のテロ発生後の九月の安値が一番底、今年の金融危機発生懸念で二月が二番底の九千五百円割れ、そして三月決算から四月に向かって戻り歩調となり、年央に高値を取る。年後半には次第に構造改革は失速してじりじり株価も下がり、やはり景気はよくならない。むしろ不況は深刻化する。いわゆるじり貧、鍋底大不況が結果として終わらないというのがAシナリオです。

●Bシナリオの場合

Bシナリオは、Aシナリオより、もっと状況が悪い。

小泉政権が三月危機を懸念していろいろデフレ対策を打つが、どれもこれも一時的にしか効かない。株価は三月末までに一時急騰するがすぐに株価が下がっていく。あるいはますますデフレが深刻化して、失業率その他で具体的に悪い数字がいろいろと出てくる。また、五月ぐらいまでには企業の三月決算は市場最悪にまでなって、あっと驚く大赤字決算が出てくる。支持率五〇%台を割った小泉内閣はさらに失墜して、解散、総選挙もできないぐらい弱くなる。内閣総辞職をするなりして、政権の交代もありうる。政権交代しなくても、小泉首相がリーダーシップを失って別の人が力をもつ。実質的に政権交代が行われてしまうという状況が起こる。

その場合は、じり貧、デフレ不況ではとどまらず六月危機なり九月危機が実際に起こる。平成の金融恐慌に近いことが起こる。そして日経平均株価は昨年九月、今年二月の安値を大幅に下回る市場崩壊つまりクラッシュがやってくる。そういうシナリオがBです。

この場合は、解散総選挙も内閣総辞職も大幅な内閣改造も、何でもありになる。こちらのほうが、デフレが終わるのは早い。これが私のいっている市場の暴力によって終わるというケースです。

Aシナリオの場合も市場の暴力によってデフレが終わるのですが、こちらは時間をかけて終わる。今までじりじり下がっているものが、さらに加速化して市場の暴力になって終わる。だからBシナリオの場合は早ければ六月危機、遅くとも九月危機と、年内に決着する。

Aシナリオの市場の暴力によって決着する場合は、早くて二〇〇三年の三月決算、あるいはもう少し先になるかもしれないということで、どちらの場合も市場崩壊によってデフレが終わる。相場用語でいうと、じり貧相場のあとに大暴落がやってきて、最後の投げがある。そこでデフレは底を打つ。ダイエーの破綻のようなものがあと五つか六つは起こる。大銀行の一つや二つも潰れるということがスピードアップしてくるのがBシナリオです。

●Cシナリオの場合

最後のCシナリオは今のところ（三月中旬現在）確率が低いと思いますが、小泉首相がいろいろ手を打つけれどもデフレ不況が簡単に終わらないということで、これは放っておけば大変なことになる。大変なことというのはAシナリオ、Bシナリオの場合です。

そこで、デフレ終息のために百八十度政策転換する。銀行の不良債権を完璧に終わらせるために日本のGDPの二〜三割ぐらいの規模の百兆円とか百五十兆円の公的資金を経営不安のある全ての銀行に強制的に一斉注入する。これでデフレは終わります。

同時に大口債権者（銀行）、大口の債権者（企業）を消滅するものと生き返らせるものとに選別する作業をやる。そのうえで、政府は新しい需要喚起のための景気対策を打ち出す。

そのために、渡辺喜美代議士や大原一三元農相を金融相にするとか、大胆な外科手術ができる人を登用して政策転換をする。当然のことながら、この場合は柳沢伯夫金融相を更迭、竹中経財相も更迭ということになる。塩川正十郎財務大臣は森・小泉派の長老だからかえにくいと思いますが、今までの政策に問題があったのだから少なくとも内閣改造をして、従来型の不良債権処理、デフレ不況対策から転換する。

そして、インフレターゲット、あるいは強烈な量的金融緩和、必要なら国債購入から外債の購入まで大規模にやるというような金融、財政の両面で大幅な政策転換をする。これは直ちにデフレが終わるい

ベースに、さらなる技術大国をめざす。それは、かつて日本が強かった家電や自動車に、プラスIT技術をオンしたようなものでデジタル家電、デジタルエレクトロニクス、IT完備の自動車といったものを中心に、日本の得意技術をリニューアルする。これを国家的なプロジェクトにして経済産業省あたりが一層後押しをする。これが日本のデジタル産業革命となる。新しい日本の経済成長の出発点がみえてくるのではないかと思います。

都市再生とデジタル革命、さらに加えると、日本は今後世界第二位の経済大国として豊かな社会、豊かな生活をめざすべきです。かつて池田勇人首相が「トランジスタラジオのセールスマン」とフランスの大統領から揶揄された時代から今日まで、とにかく日本人は働きづめである。その結果が個人資産千四百兆円です。そこで、世界第二位の豊かな社会になったかというと、なっていない。日本人の生活を豊かにするというテーマで住宅を含めて環境の改善、観光、娯楽など豊かな社会、サービス大国をめざす。日本人はもともとサービス精神あふれる国民ですから、「もてなし大国」をめざすということです。

日韓共同開催のサッカーのワールドカップについても、各地方が一所懸命に「もてなし」をやっている。こういうことをやらせたら、日本人はうまいわけです。だから日本列島のあらゆるところにディズニーランドやユニバーサルスタジオのようなテーマパークをもってくる、ということをやってもいい。それが地方の活性化に繋がる。これまで中途半端なものをつくるから機能しなかったのです。ほかでは見られないようなテーマパーク、世界中の蘭の花が咲き誇る植物園や果樹園を山梨県につくるとか、このようなことを、一兆円でもかけてやればいい。

一気にやってしまう。

このＣシナリオのような政策に小泉首相が転換すれば日本のデフレは半年か一年で終わる。株価はＶ字型に反騰し、あっという間に日経平均株価は二万円台を回復する。これがＣシナリオです。

▼ポスト・デフレの日本経済のために――

以上のように、ＡＢＣいずれの場合でもデフレは終わるということですが、これが私の日本経済の行方、三つのシナリオです。そしてどのコースを日本経済が通っても、いずれ日本のデフレ不況は終わる。

その上でもう一つ大事なことは、デフレが終わったあとの日本経済のテーマです。戦後日本の奇跡の高度成長を支えた要因は、日本が製造業で世界チャンピオンになったからです。その原動力がソニーでありトヨタであった。それにかわる日本経済を牽引する産業は何か。二十一世紀の日本人はいったい何で食べていくのかというテーマを、国家的産業振興政策として打ち出さないといけない。これが、今現在は何も出ていない。ここで大きなプロジェクトとして東京改造、首都大改造というようなことをテーマにした日本再生を打ち出す。いわゆる日本の都市再生プランを打ち出すべきだということです。

羽田空港を国際空港にするとか、第二空港にして、上海、シンガポールの新空港を上回る大プロジェクトを打ち出すとか、いくらでも考えられます。もう一つは、トヨタ、ソニーで世界を制覇した技術を

ちばん良いシナリオです。このＣシナリオの場合、小泉ボンドを発行する。デフレ終息のための使途限定国債として、五十兆円でも百兆円でも発行する。ただし優遇金利や利子を無税にするなどして市場で消化する。小泉ボンド発行のときです。これをやれば、日本はあっという間によくなる。株価はＶ字型に反騰する。

韓国が九八年に金融危機、経済危機に陥り、ＩＭＦの管理下で大胆な外科手術をして過剰債務の処理をして再生した。この韓国型政策転換です。韓国と日本の経済とは規模が違って向こうは十分の一ほどですから、同じようなことができるかどうか。しかし、実務的に充分検討する価値があります。大事なことは発想を転換して、勝負することです。

日本がＩＭＦの管理下に入るということになると、世界金融恐慌になりうる懸念も出てきます。いちばんいいのは、日本の体力があるうちに過剰債務を大胆にカットして、大口の債務者を精査し、再起不能の企業は例外なく市場から退場させる。それが百万人の失業者を生もうが、この改革を断行する。

一方で、破綻企業の元気な部分を再生する産業再生チームが必要です。そして資金不足に陥れば、一気に、強制的に公的資金を注入する。渡辺喜美代議士は「平成復興銀行」といいますが、名称は何でもいい。復興銀行から公的資金を強制的に注入するシステムが必要です。とにかく大事なことなので何度も言いますが消滅させる銀行と生き返らせる企業を選別する作業を政府主導でやる。民間では横やりが入ってできない。誰を生き残らせるか、誰を死なせるかというのは国家権力でやるしかない。国家が認定し、権力を与えた公認会計士や弁護士のチームなどで構成する。多少の不平が出てもしかたがない、

そういうサービス、観光、娯楽大国というようなものを地方活性化のためのテーマにしてもいい。そして世界中のトップクラスのホテルをもってくる。拠点を日本中に四つぐらいきめて、そこを重点的にやればいい。

たとえば沖縄と北海道などにそういうものをつくる。世界に冠たるスキー場があるとか、雪祭り、テーマパークみたいなものをつくればいい。沖縄を第二のハワイにする。すでに、いいホテルがいっぱいできている。沖縄サミットをやったホテルなどは、世界のトップクラスです。

さらに、空港の整備や、快速船を飛ばして韓国からあっという間にこられるようにする。日韓友好を深めて、日本からもソウルや釜山にどんどん遊びに行く。モノだけつくって売りつけに行くのではなく、こういうことをすれば隣国にも喜ばれるわけです。ソウルやシンガポール、タイ、マレーシア、バリ島とも結んで、日本がアジア観光の発展に貢献する。

とにかく智恵を出して、新しい国家的プロジェクトで需要を喚起する。日本の次なる経済成長の目標を設定することです。

休日も多くすればいいと思いますが、それ以前に日本人の生活のインフラを改善しないとだめだと思います。欧米人にくらべて狭いところ、不便なところにみな住んでいるわけです。だからもっと国家的プロジェクトを打ち出す。たとえば建ぺい率を変えて通勤三十分以内のところに十階建てのマンションしか建たなかったのを五十階建てにすればよい。価格は五分の一になる。五千万円のマンションが一千万円になったら、買う人は日本中にいくらでもいる。そうすれば消費も旺盛になる。今まで通勤に二時間かかっていた人が三十分でこられたら、残りの一時間半はショッピングをしたり映画をみたりできる。

だから生活のインフラをもっと大幅に改善する。資産は世界ナンバーツーなのに、生活のインフラは三流国だというのが問題です。

それで私は首都圏改造をしろといっているわけです。東名高速だって、お粗末なものです。幹線道路はもっと近代化する。そうすると都市部に人口が集中するため、余計いまある地方の過疎化問題が生じる。そこで地方は、前述したようにテーマパークなどを考える。あるいは教育施設を考える。大学などは山梨にいったり静岡にいったりしていい。たとえば早稲田大学は早稲田にある必要がありますか。あそこの十倍ぐらいの広い敷地で環境のいいところだったら、静岡に移ったらいい。下田に早稲田大学の一部をもってくれば、その地域が発展する。そういうことをやればいいわけです。そして大学を卒業してから東京や六大都市圏で働いてもらったらいい。

最近、早稲田も北九州に研究所をつくったでしょう。立命館も大分県に立命館アジア太平洋大学をつくった。あの発想です。中途半端ではだめです。そこに大学ができたことで町が栄えるシステムにしないといけない。立命館大学は受験の改革だけではなくて、教育環境の改革もやっている。ほかの日本の主要な大学もやればいい。しかし、それは大学の自主努力だけでは限界がある。国家的なプロジェクトとして主要な大学と交渉する。これは一つのアイデアです。大学に限りません。都市部のインフラをよくして、規制緩和して、人口が集中したら、田舎に人がいなくなる。大学をもっていくとか、首都においておく必要のない省庁を移転する。大学を例に取りましたが、要はアイデアです。

それを日本は今まで誰もやってない。今は、明治維新なみの改革をしないといけない。だから今やることは廃藩置県とか、あのような大改革です。廃藩置県など、よくやったと思います。結局、命懸けのプロジェクトです。平成の日本人はあの時代ほどガッツがない、サムライ精神がない。

とにかくまずデフレを終わらせる政策をやるべきです。まだ小泉政権は明確にわかっていません。それがさしあたっての問題です。小泉ボンドは過剰債務解消のために使うべきです。そのために投資家に特典を与え、国債増発による市場の悪化、金利の上昇、格付けの低下につながらないようにする。国民が喜んで買う金融商品に仕立てて発行するべきだと思います。

▼今後の日本株のシナリオ

シナリオ1……可能性大

小泉政権が政策を出しながら何とか年内は存続し続ける

・四月〜六月　景気悪化と政策対応で強弱感が対立し株価は一進一退が続く

（日経平均は一万一〇〇〇〜一万三〇〇〇円）

・七月〜八月　二〜三月に出たデフレ対策の効果で上昇

（戻り高値は一万三〇〇〇円台程度）

・九月以降　小泉政権への不信感から再度下落（三番底、九〇〇〇～九五〇〇円程度）

シナリオ2……可能性小

小泉政権のデフレ対策が行き詰まると日本売りが強まり、改革失速

・四月～六月　この時期の株価が当面の日経平均の高値となる

・七月～八月　日本株は再度下落トレンドへ、改革失速後の政局に注目

シナリオ3……可能性小

小泉政権が効果的なデフレ対策に成功、株価はV字型に反騰

・四月～六月　第二次、第三次デフレ対策を実施、公的資金を再注入、減税など景気対策を発表

・七月～八月　株価は急騰、全面高となる

・九月以降　景気回復を先取りした業績相場へ、ハイテク・IT関連株の大幅高

デフレ対策が強化されることを前提に今後上昇が見込めるのは？

業績回復期待の中・低位株

ＩＴ・ハイテク関連株のリバウンド

不良債権関連の勝ち組み企業

新興企業ニューエコノミーの業績絶好調株

さあ以上が私の予測シナリオです。現実のデフレはいつどのように終わるでしょうか。とにかく本書が読者にとってデフレ不況を勝ち抜いてゆくためのヒントになることをお祈り致します。では、幸運をあなたに！

（平成十四年三月十五日記）